NÄHEN KOMPAKT

Kinder-nähschule

Erste Projekte für kleine Nähbegeisterte

EIN BUCH DER
EDITION MICHAEL FISCHER

IMPRESSUM

Bibliografische Information der Deutschen Bibliothek.

Die Deutsche Bibliothek verzeichnet diese Publikation in der Deutschen Nationalbibliografie.

Detaillierte bibliografische Daten sind im Internet über http://www.dnb.de/ abrufbar.

Alle in diesem Buch veröffentlichten Abbildungen sind urheberrechtlich geschützt und dürfen nur mit ausdrücklicher schriftlicher Genehmigung des Verlags gewerblich genutzt werden. Eine Vervielfältigung oder Verbreitung der Inhalte des Buchs ist untersagt und wird zivil- und strafrechtlich verfolgt. Das gilt insbesondere für Vervielfältigungen, Übersetzungen, Mikroverfilmungen und die Einspeicherung und Verarbeitung in elektronischen Systemen.

Die Projekte aus diesem Buch sind nur für den persönlichen Gebrauch bestimmt oder als Spende an gemeinnützige Organisationen und Einrichtungen sowie als Ausstellungsstücke mit dem Vermerk auf den Urheber:

Design: © 2018 Edition Michael Fischer aus dem Buch „Die Kindernähschule".

Für die kommerzielle Verwendung der Vorlagen und fertiggestellten Projekte muss die Erlaubnis des Verlags vorliegen.

Die im Buch veröffentlichten Aussagen und Ratschläge wurden von Verfasser und Verlag sorgfältig erarbeitet und geprüft. Eine Garantie für das Gelingen kann jedoch nicht übernommen werden, ebenso ist die Haftung des Verfassers bzw. des Verlags und seiner Beauftragten für Personen-, Sach- und Vermögensschäden ausgeschlossen.

Bei der Verwendung im Unterricht ist auf dieses Buch hinzuweisen.

EIN BUCH DER EDITION MICHAEL FISCHER

1. Auflage 2018

© 2018 Edition Michael Fischer GmbH, Igling

Bildnachweis: Projektfotos: Domenik Broich,
Anleitungsfotos: Michaela Drosten,
Swantje Lindemann (S. 75–77), Patrick Wittmann (S. 74)

Texte: Michaela Drosten (S. 6–73, 78–91),
Swantje Lindemann (S. 74)

Redaktion und Lektorat: Katja Bode

ISBN 978-3-86355-863-5

Printed in Slovakia

www.emf-verlag.de

INHALT

- 6 ♥ DEINE GRUNDAUSSTATTUNG
- 14 ♥ DIE NÄHMASCHINE
- 20 ♥ EINFASSBÄNDER UND KEDER VERARBEITEN
- 22 ♥ DEIN NÄHFÜHRERSCHEIN
- 24 ♥ EINFACHES UTENSILO
- 26 ♥ UTENSILO FÜR DIE WAND
- 28 ♥ FLÖTENHÜLLE
- 30 ♥ PINSELMÄPPCHEN
- 32 ♥ PULSWÄRMER
- 34 ♥ WÄRMENDER MUFF
- 36 ♥ LUNCHBAG
- 38 ♥ FREUNDSCHAFTSARMBÄNDER
- 40 ♥ DREIECKSTUCH
- 42 ♥ NÄHZEUGBEUTEL
- 46 ♥ NADELBUCH
- 48 ♥ PEDALSTOPPER
- 52 ♥ WÄRMFLASCHENBEUTEL
- 54 ♥ FAKIRHOSE
- 58 ♥ STRANDLAKEN
- 60 ♥ REISEBOX
- 62 ♥ PONCHO
- 64 ♥ KOFFERANHÄNGER
- 66 ♥ TABLET-HÜLLE
- 70 ♥ SHOPPER
- 74 ♥ EINHORNKAPUZENSCHAL
- 78 ♥ HANDY-KOPFHÖRER-HÜLLE
- 80 ♥ SITZKISSEN
- 82 ♥ HAARBÄNDER
- 84 ♥ MESSENGER BAG
- 88 ♥ HUNDEKNOCHEN
- 90 ♥ SCHLAFMASKE
- 92 ♥ KOPIERVORLAGEN

Wärmender Muff, S. 34

Hundeknochen, S. 88

Flötenhülle, S. 28

Lunchbag, S. 36

VORWORT

♥ Willkommen in der Nähschule! ♥

Hier erwarten dich spannende Nähprojekte und süße Geschenke, die du mithilfe der Schritt-für-Schritt-Anleitungen ganz einfach nacharbeiten kannst.

Du hast noch nie mit der Nähmaschine genäht? Kein Problem! Mit diesem Buch machst du deinen Nähführerschein, lernst alles über Werkzeuge und Materialien und kannst dich an deinem ersten Projekt üben.

Du wirst sehen, wie leicht dir das Nähen mit ein wenig Übung fallen wird. So kannst du bald alle deine Freunde und deine Familie mit tollen Geschenken versorgen.

DEINE GRUNDAUSSTATTUNG

WERKZEUGE

MASSE

1. Maßband
Ein Maßband ist super geeignet, wenn du längere Strecken messen möchtest.

2. Handmaß
Das Handmaß benutzt du für kleinere Abstände. Es ist praktisch, wenn du mal direkt an der Maschine oder beim Bügeln misst.

3. Geodreieck
Ein großes Geodreieck ist superwichtig. Du brauchst es, um rechte Winkel einzuzeichnen. Es ist außerdem von Vorteil, wenn du lange gerade Linien mit gleichem Abstand zeichnen musst.

STIFTE UND MARKER

1. Schneiderkreide/Kreidestift
Kreide gibt es als Stift oder am Stück in unterschiedlichen Farben. Am besten besorgst du dir einen Kreidestift in einer helleren Farbe für das Anzeichnen auf dunklen Stoffen.

2. Bleistift
Für alle anderen Stoffe kannst du prima einen weichen Bleistift verwenden.

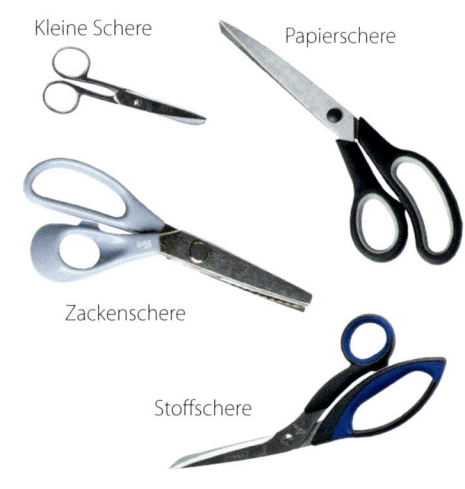

Kleine Schere · Papierschere · Zackenschere · Stoffschere

SCHEREN

1. Stoffschere
Das A und O beim Schneiden von Stoffen ist eine gute Schere. Sie sollte nicht zu groß für deine Hand sein, aber lang genug, damit du auch längere Strecken leicht schneiden kannst. Schneide mit ihr ausschließlich Stoffe, nie Papier oder Pappe.

2. Papierschere
Für Papier brauchst du eine extra Schere.

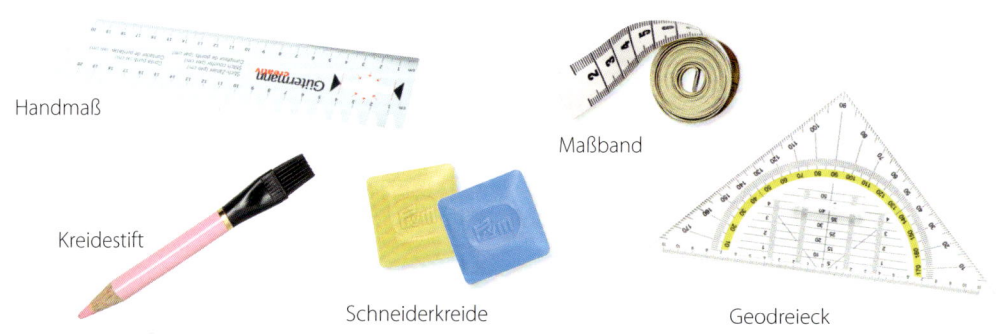

Handmaß · Maßband · Kreidestift · Schneiderkreide · Geodreieck

3. Kleine Schere
Zu guter Letzt ist eine kleine (spitze) Schere wichtig. Damit lassen sich am besten Fäden ab- oder Stoffe einschneiden.

4. Zackenschere
Etwas Besonderes ist die Zackenschere: Sie ist hilfreich beim Zurechtschneiden von Rundungen, beim Verzieren oder auch beim Sichern von Stoffen, Nahtzugaben und Kanten.

NADELN

1. Sicherheitsnadeln
Um eine Kordel oder ein Gummiband durch einen Tunnel zu ziehen, sind große Sicherheitsnadeln gut geeignet.

2. Nähnadeln
Du nähst zwar mit deiner Nähmaschine, trotzdem brauchst du zwischendurch Handnähnadeln in verschiedenen Stärken und Größen, zum Beispiel zum Knopfannähen. Prima Stärken sind 7er bis 9er. Für alle Nadeln gilt: Je dicker der Stoff, desto dicker die Nadel. Das gilt auch für die Nähmaschinennadeln.

3. Stecknadeln
Stecknadeln brauchst du zum Zusammenstecken, damit sich Schnittteile beim Nähen nicht verschieben. Außerdem markierst du damit auch schnell und einfach während des Nähens wichtige Stellen. Gut geeignet sind Stecknadeln ohne Glas- oder Kunststoffköpfchen. Die mit Kunststoff können beim Bügeln schmelzen, die mit Glas brechen und deinen Stoff beschädigen. Wenn du merkst, dass eine Stecknadel verbogen oder stumpf ist, sortiere sie gleich aus: Auch sie könnte deinen Stoff beschädigen. Damit du deine Stecknadeln sofort griffbereit hast, kannst du dir gleich das schicke Nadelkissen von Seite 22 nähen.

BUTTERBROT- ODER TRANSPARENTPAPIER
Immer, wenn du mit Schnittmustern arbeitest, brauchst du dieses, um die Papierschnitte zu erstellen.

1. Bügeleisen
Ein normales Dampfbügeleisen (Bitte nur unter Aufsicht von Erwachsenen benutzen!) und ein Bügelbrett sollten beim Nähen immer bereitstehen.

SPEZIALWERKZEUGE UND NÜTZLICHES

1. Zange für Ösen und Co.
Für das Anbringen von Druckknöpfen, Kam Snaps, Color Snaps oder auch Ösen gibt es eine spezielle Zange.

2. Essstäbchen und Stricknadeln
Zum Ausstopfen mit Füllwatte oder zum Ausformen von genähten Ecken kannst du prima dicke Stricknadeln, Essstäbchen oder die Enden von Holzkochlöffeln benutzen.

3. Gewichte
Damit die Schnittteile schön auf den Stoffen liegen bleiben, bis du sie festgesteckt hast, lege ein Buch oder stell ein mit Sand oder Reis gefülltes Marmeladenglas darauf.

Nadelkissen Nadelset

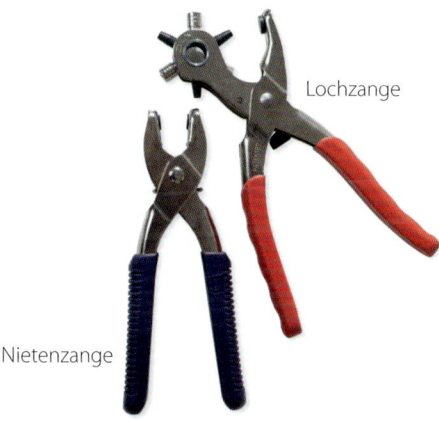

Lochzange

Nietenzange

MATERIALIEN

STOFFE

1. Baumwollstoffe gewebt
Da es bei den Baumwollstoffen so viele herrliche Motive und Muster gibt, ist dieses einfach zu verarbeitende Material in diesem Buch am häufigsten vertreten.

2. Baumwollstoffe beschichtet
Diese Stoffe sind wasserabweisend und man kann sie gut abwischen. Pass aber auf beim Bügeln, denn sie mögen keine Hitze!

3. Jerseys, Nickis, Teddy und Co.
Wenn du geübter bist, sind auch die Modelle aus elastischen Stoffen ganz einfach! Die für die Projekte ausgewählten Baumwollstoffe, Jerseys und Co. sind von Swafing, Lebenskleidung und Westfalenstoffe. Du kannst aber aussuchen, was du magst, oder einfach verwenden, was du schon zu Hause hast.

4. Fleece und Filz
Du wirst beides hier im Buch wiederfinden. Das Tolle an diesen Materialien: Sie fransen nicht aus und müssen deshalb nicht versäubert werden.

5. Jeans
Jeansstoff ist fester als gewebter Baumwollstoff und super für z. B. Taschen geeignet. Zum Nähen von Jeans solltest du eine dickere Nadel verwenden.

(VLIES)EINLAGEN UND CO.

1. Klebe(vlies)einlagen
Es gibt Klebe-Einlagen in verschiedensten Arten und Funktionen. Sie können einen Stoff fester machen, z. B., damit Ösen besseren Halt haben und der Stoff nicht ausreißt. Sie können sehr dick sein, um einem Stoff mehr Volumen und Stand zu geben. Es gibt auch Einlagen, die nur aus Kleber bestehen und sich wunderbar für das Aufkleben von Filz oder selbst gemachten Applikationen eignen. Die hier eingesetzten Einlagen haben alle mindestens eine klebende Seite (raue Klebepunkte), die immer auf die linke Seite des Stoffs kommt. Wenn du beim Aufbügeln der Einlage den Herstelleranweisungen folgst, ist es kinderleicht.

2. Stylefix®
Dieses schmale Klebeband ist total praktisch. Bevor du Borten, Schmuckbänder oder auch Klettband aufnähst, klebe sie vorher mithilfe von Stylefix® nach Herstelleranweisung auf.

3. Nähgarn
Nähgarne gibt es in allen möglichen Qualitäten, Garnstärken und in unendlich vielen Farben. Für die Modelle vom Atelyeah verwenden wir klassische Baumwolloder Polyestergarne. Am besten besorgst du dir diese im Fachhandel. Im Buch ist bei den Materialangaben in den Anleitungen das Garn nicht mit aufgeführt, so kannst du selbst entscheiden, ob du farblich passendes oder lieber ein Garn in einer Kontrastfarbe einsetzen möchtest.

FÜLLMATERIAL

1. Füllwatte
Sie wird zum Ausstopfen des Nadelkissens und des Hundeknochens benutzt. Je nach Verwendung stopfst du die Hülle mal mehr, mal weniger fest aus.

2. Füllstoff
Füllstoff, wie z. B. Styroporkügelchen, wird ähnlich eingesetzt wie Füllwatte.

VERSCHLÜSSE

1. Klettband
Dieser Verschluss wird in verschiedenen Farben und Breiten angeboten. Er besteht aus zwei unterschiedlichen Streifen, die aneinander haften. Damit er gut auf dem Stoff hält, wird er meistens mit einem Zickzackstich aufgenäht.

2. Druckknöpfe

Der klassische Druckknopf ist aus Metall. Es gibt aber auch welche aus anderen Materialien. Druckknöpfe sind in vielen unterschiedlichen Größen erhältlich. Um die Knöpfe richtig anzubringen, gibt es eine spezielle Zange. Du kannst aber auch einen Hammer verwenden. Folge am besten der Anweisung des Herstellers.

Druckknöpfe

3. Kam Snaps

Sie sind ähnlich wie Druckknöpfe, nur aus Kunststoff, und sie mögen deshalb keine Hitze. Sie werden in vielen Farben angeboten und werden am einfachsten mit einer speziellen Zange angebracht.

4. Ösen und Kordeln

Um z. B. einen Beutel zuzuziehen, läuft die Kordel durch die Ösen und gleitet so besser. Bei den Nähzeug- und Wärmflaschenbeuteln auf Seite 42 und 52 gibt es statt Ösen einen Tunnelzug, durch den die Kordel läuft.

5. Knöpfe

Sie sind etwas Herrliches, darum sind sie nicht nur zum Schließen, sondern auch als Deko super geeignet – und sie sind ganz schnell angenäht!

6. Reißverschluss

Reißverschlüsse für Taschen und kleine Mäppchen gibt es in unzähligen Größen, Materialien, Farben und Aufmachungen. Sie werden mit einem speziellen Nähmaschinenfuß festgenäht. Den musst du dafür an deiner Nähmaschine einsetzen. Für das Buch wurden Druckknöpfe, Kam Snaps, Borten, Bänder und Karabiner von Veno verwendet. Farbenmix verkauft auch tolle Bänder und Borten.

BORTEN UND BÄNDER

Mit Borten und Bändern kannst du viele Sachen richtig aufpimpen. Auch in diesem Buch werden bei den Modellen viele verschiedene Variationen eingesetzt. Je nach Art werden Borten und Bänder unterschiedlich ein-, auf- oder angenäht.

BÜGELMOTIVE UND SCHMUCK

1. Bügelmotive

Aktuell sind Bügelbilder aus Velours mit einer samtigen Oberfläche der Renner. Wenn du beim Aufbügeln den Herstelleranweisungen folgst, ist es kinderleicht.

2. Karabiner

Diese kleinen Schnapphaken werden mithilfe einer Stoffschlaufe angenäht. Beim Dreieckstuch (auf Seite 40) findest du Karabiner, die in Ösen gehakt werden.

3. Webetiketten

Wenn du ein Label in deine Modelle einsetzt, kann gleich jeder sehen, dass du sie selbst genäht hast. Faltetiketten können prima in eine Naht mit eingenäht werden. Damit es beim Nähen mit der Maschine nicht verrutscht, kannst du es vorher feststecken und dann mit der Maschine annähen.

Webetiketten und Labels

Karabiner   Bügelmotive

STOFF VORBEREITEN

STOFFSEITEN

Jeder Stoff hat eine Vorder- und eine Rückseite. Die Vorderseite ist die, die später außen zu sehen ist. Sie wird auch die schöne oder rechte Seite genannt. Die Rückseite eines Stoffs ist bei einem fertigen Teil später innen oder nicht sichtbar. Sie wird auch linke Seite genannt. Bei manchen Stoffen sind die beiden Seiten kaum oder gar nicht zu unterscheiden. Was tut man dann? In der Regel wird der Stoff im Laden mit der rechten Seite präsentiert. Falls die Seiten also schwer zu unterscheiden sind, mal dir mit Kreide ein ganz kleines Kreuz in eine Ecke auf deinen Stoff oder dein Schnittteil.

WEBKANTE

Die Webkante ist die Begrenzung des Stoffs. Du kannst sie leicht erkennen, denn sie ist bei bedruckten Stoffen z. B. einfach weiß, beschrieben oder gelocht. Achte darauf, dass du die Webkante nicht mit verwendest, denn sie verhält sich anders als der Rest des Stoffs. Schneide sie einfach ab!

RECHTS AUF RECHTS

Legst du einen oder zwei Stoffe rechts auf rechts, liegen die „schönen" Seiten innen aufeinander. Du siehst dann die Rückseiten oder auch linken Seiten der Stoffe. Du wirst häufig rechts auf rechts nähen und das Teil danach wenden. Pass also gut auf, dass du rechte und linke Stoffseite nicht verwechselst.

Die schöne, hier rote Seite ist die rechte.

Auf dieser Webkante sind Symbole.

Wenn man rechts auf rechts legt, guckt man auf die linken Stoffseiten.

STOFFBRUCH

Faltest du einen Stoff rechts auf rechts aufeinander, entsteht an einer Seite eine Falte, die man Stoffbruch nennt. Schneider sagen „in den Bruch legen". Viele Papierschnitte werden direkt an den Stoffbruch angelegt und der Stoff dann zweilagig zugeschnitten. Der Stoffbruch wird dabei nicht durchgeschnitten! Wenn man den Stoff danach auffaltet, ist das Schnittteil doppelt so groß.

FADENLAUF

Der Fadenlauf (FDL) zeigt, in welche Richtung die Fäden deines Stoffs laufen. Wenn du dir den Stoff genau ansiehst, erkennst du ganz dünne Linien, die senkrecht oder parallel zur Webkante verlaufen. Die parallel verlaufenden Fäden bilden in der Regel den Fadenlauf. Wenn du die einzelnen Schnittteile zuschneidest, ist es wichtig, auf den Fadenlauf zu achten. Rechteckige Schnittteile liegen parallel (also gerade) zum Fadenlauf. In den übrigen Schnittteilen ist ein langer Pfeil eingezeichnet, an dem „FL" steht. Beim Auflegen des Papierschnitts muss der Pfeil parallel zum Fadenlauf liegen. Manchmal ist der Fadenlauf in den Schnittteilen identisch mit dem Stoffbruch. Dann liegt der Pfeil auf der gefalteten Stoffkante.

STOFF BÜGELN

Damit der Stoff schön glatt ist, wird er vor dem Zuschneiden einmal im Ganzen gebügelt. Auch während des Nähens werden z. B. die Nähte auseinandergebügelt. Dafür legst du das Teil mit der Naht nach oben aufs Bügelbrett. Drücke die beiden Nahtzugaben etwas auseinander und bügle sie flach.

Der Stoff liegt doppelt, das Schnittteil wird dann aufgeklappt.

Der Fadenlauf (FDL) ist auf dem Papierschnitt eingezeichnet.

ZUSCHNEIDEN

Schnittmusterbogen, Schnittmuster, Papierschnitt und Schnittteile

Die Schnittmuster für die Projekte im Buch findest du als Kopiervorlage hinten im Buch. Du kannst sie leicht zuordnen, denn es steht drauf, welches Modell es ist. Die übrigen Schnittmuster sind direkt bei den Anleitungen mit cm-Angaben zu finden. Sie sind meistens rechteckig und lassen sich total leicht mit dem Geodreieck auf den Stoff zeichnen. Alle Schnittmuster beinhalten eine Nahtzugabe von 1 cm (soweit nicht anders angegeben).

SCHNITTMUSTER KOPIEREN

In der Anleitung steht unter den Materialangaben ein Hinweis zu den Kopiervorlagen. So kannst du die richtigen Teile ganz leicht finden. Um ein Schnittteil zu kopieren, legst du Butterbrotpapier oder Transparentpapier auf das Schnittmuster. Nimm den weichen Bleistift und zeichne alles (Linien und Markierungen) nach. Schneide den Papierschnitt mit der Papierschere aus. Damit du später noch weißt, wozu der Papierschnitt gehört, schreibe den Projektnamen darauf.

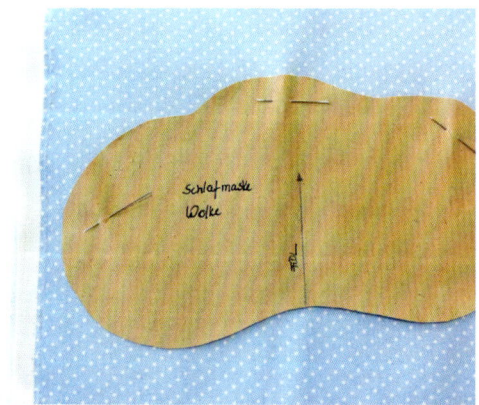

Das Schnittteil wird festgesteckt.

SCHNITTMUSTER AUF DEN STOFF ÜBERTRAGEN

Bevor du den Papierschnitt auf den Stoff legst, schau, ob das Schnittteil mehrfach oder sogar im Stoffbruch zugeschnitten wird. Bei mehreren Schnittteilen legst du die Stoffe rechts auf rechts aufeinander. Wird ein Schnittteil im Stoffbruch zugeschnitten, legst du den Papierschnitt an der dafür markierten Kante auf. Achte dabei auf den Fadenlauf. Beschwere das Schnittteil mit einem Gewicht, damit es beim Feststecken nicht verrutscht. Dann steckst du das Papier am Rand entlang mit Stecknadeln fest. Nimm Bleistift oder Kreide und zeichne die äußere Kante des Papierschnitts nach. Vergiss nicht, auch die Markierungen zu übertragen, wenn es welche gibt.

Die Kanten und Markierungen werden auf den Stoff übertragen.

SCHNITTTEILE ZUSCHNEIDEN

Nimm den Papierschnitt vom Stoff. Hast du mehrere Stoffe übereinander liegen, stecke die Stecknadeln wieder in die gleiche Position wie vorher beim Papierschnitt. Jetzt schneide alles sorgfältig aus. Halte dabei die Schere und den Stoff auf dem Tisch, dann geht das Schneiden viel leichter.

Die Schere wird beim Ausschneiden auf dem Tisch gehalten.

SCHNITTTEILE VORBEREITEN
Nahtzugaben und Nähte

1. Nähte
Damit du weißt, wo du später nähen musst, zeichne dir entlang der Kante deiner Schnittteile eine Nahtlinie ein. Wenn nicht anders angegeben, hat die Naht 1 cm Abstand zur Kante. Halte beim Nähen den angegebenen Abstand zur Kante ein, dann halten deine Nähte gut.

2. Nahtzugaben
Den Abstand zwischen der genähten Naht und der Kante ist die Nahtzugabe. Du brauchst an jeder Kante, die du zusammennähen möchtest, eine Nahtzugabe (NZG). Würdest du ohne Nahtzugaben arbeiten, wäre dein fertiges Teil viel kleiner, als du es eigentlich haben möchtest. Bei unseren Schnittmustern brauchst du dir aber gar keine Gedanken um die Nahtzugaben zu machen. Das Eichhörnchen war so nett, die Nahtzugaben gleich zu jedem Schnittmuster hinzuzufügen. So hast du viel weniger Arbeit! Bei vielen Stoffen oder Modellen ist es besser, entlang der Kanten der Nahtzugaben mit einem Zickzackstich zu nähen, damit sie nicht ausfransen. Das nennt man versäubern.

STECKEN ODER HEFTEN
Vor dem Zusammennähen von Schnittteilen stecke die Teile immer an der vorgesehenen Naht zusammen. Man kann dazu auch heften sagen. Es ist sinnvoll, die Stecknadeln immer entlang der Linie in den Stoff zu stecken, die du später nähst. Sobald das Nähmaschinenfüßchen eine Stecknadel berührt, ziehst du sie heraus. Niemals über Nadeln nähen, sonst besteht Unfallgefahr! Damit du am Ende nicht nur das witzige Nadelkissen, sondern auch alle anderen Projekte nachnähen kannst, kommen hier wichtige Vorbereitungen und Übungen. Blättere gleich mal auf die nächste Seite um!

TIPP
Vermeide es, über Nadeln zu nähen, damit du nicht aus Versehen eine triffst und sie zerspringt. So schonst du die Nadeln, die Nähmaschinen-Nadel, die Nähmaschine und auch den Stoff.

Zwischen der Naht und der Stoffkante ist 1 cm Abstand.

Die Kante ist mit Zickzackstich versäubert.

Die Nadeln sind entlang der Linie gesteckt, die du später nähst.

DIE NÄHMASCHINE

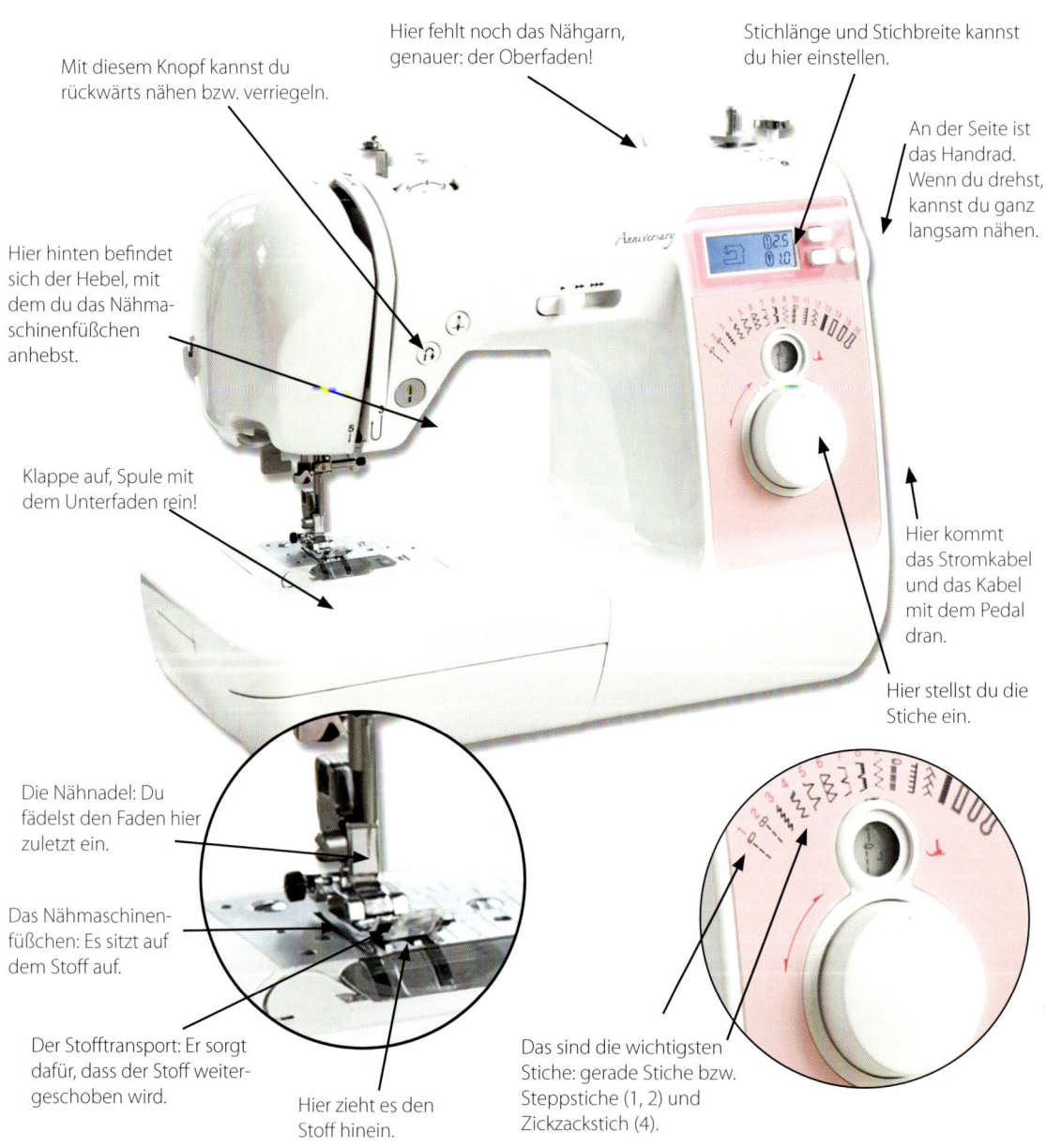

Mit diesem Knopf kannst du rückwärts nähen bzw. verriegeln.

Hier fehlt noch das Nähgarn, genauer: der Oberfaden!

Stichlänge und Stichbreite kannst du hier einstellen.

An der Seite ist das Handrad. Wenn du drehst, kannst du ganz langsam nähen.

Hier hinten befindet sich der Hebel, mit dem du das Nähmaschinenfüßchen anhebst.

Klappe auf, Spule mit dem Unterfaden rein!

Hier kommt das Stromkabel und das Kabel mit dem Pedal dran.

Hier stellst du die Stiche ein.

Die Nähnadel: Du fädelst den Faden hier zuletzt ein.

Das Nähmaschinenfüßchen: Es sitzt auf dem Stoff auf.

Der Stofftransport: Er sorgt dafür, dass der Stoff weitergeschoben wird.

Hier zieht es den Stoff hinein.

Das sind die wichtigsten Stiche: gerade Stiche bzw. Steppstiche (1, 2) und Zickzackstich (4).

NÄHMASCHINENPLATZ EINRICHTEN

Du sitzt optimal an der Nähmaschine, wenn du das Nähmaschinen-Füßchen mittig vor dir hast. Dein Stuhl sollte nur so hoch sein, dass deine Füße komplett den Boden berühren. Platziere das Pedal so, dass dein Fuß bequem darauf steht und deine Ferse den Boden berührt. Sollte der Stuhl oder der Tisch zu hoch sein, kannst du das Pedal auch auf eine kleine Bank oder Ähnliches stellen.

PRICKELN

Zum Üben: Kopiere und vergrößere dir die hier abgebildeten Nahtlinien auf Papier oder zeichne sie ab. Garn einfädeln musst du erst mal nicht. Starte, indem du mit dem Handrad der Maschine die Nadel in den Anfang der ersten geraden Naht einstichst. Jetzt setzt du das Nähmaschinenfüßchen ab. Achte darauf, dass der größte Teil des Papiers links von der Maschine ist, das ist später beim Stoff auch so.

LENKEN ODER FÜHREN DES STOFFS

Jetzt gibst du vorsichtig Gas mit dem Pedal. Nähe entlang der Linie bis ans Ende. Halte dabei das Papier mit der rechten Hand gerade und führe es mit der linken. Du brauchst das Papier nicht zu ziehen oder zu schieben. Die Nähmaschine holt sich das Papier und auch später den Stoff ganz von allein. Probiere es einmal aus, indem du beim Nähen kurz das Papier loslässt.

VERRIEGELN ODER SICHERN DER NAHT

Bei der zweiten geraden Linie machst du zuerst 3–4 Stiche vorwärts, dann dieselbe Anzahl Stiche rückwärts. Dafür gibt es den Knopf zum Rückwärtsnähen bzw. Verriegeln. Achte darauf, dass du die Vorwärts- und Rückwärtsstiche genau übereinander setzt. So sicherst du die Naht. Sie geht nicht mehr auf. Man sagt dazu auch verriegeln. Verriegle ab jetzt an jedem Anfang und Ende alle Nähte.

TIPP

Probiere verschiedene Geschwindigkeiten aus, so bekommst du ein Gefühl für das Pedal und die Maschine.

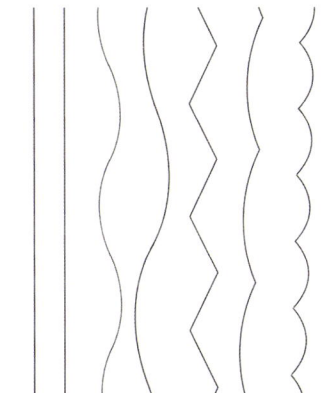

Zuerst wird auf vorgezeichneten Nahtlinien geübt.

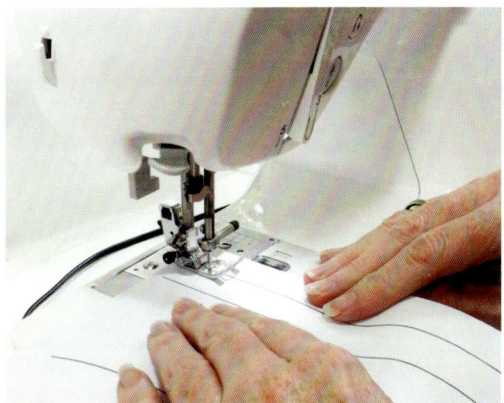

Die rechte Hand hält gerade, die linke Hand führt. Nicht schieben!

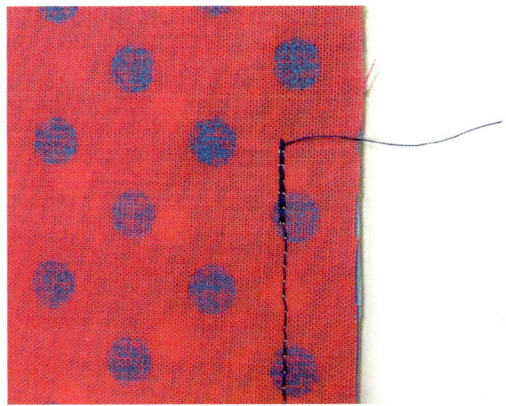

So sieht es aus, wenn eine Naht am Ende korrekt verriegelt ist.

WELLEN, KURVEN UND RUNDUNGEN NÄHEN

Nach den geraden Linien sind auf dem Papier Wellen eingezeichnet. Um den Anfang mit der Nadel zu treffen, legst du das Papier etwas gedreht ein. Werden die Rundungen kleiner, hilft dir eine kürzere Stichlänge, die du an deiner Maschine einstellen kannst, z. B. 1,5 mm. Wenn du in eine minikleine Kurve kommst, halte kurz an. Hebe das Nähfüßchen hoch. Drehe das Blatt leicht und setze das Füßchen wieder ab. Achte darauf, dass dabei immer die Nadel im Papier und später im Stoff versenkt bleibt.

Nadel versenkt lassen, Füßchen hoch, Papier drehen, Füßchen wieder runter!

SPITZEN UND ECKEN NÄHEN

Nähe bis kurz vor die Ecke oder Spitze. Die letzten Stiche bis in die Ecke kannst du am einfachsten mit dem Handrad machen. Beim letzten Stich genau in der Ecke bleibt die Nadel im Papier versenkt. Hebe das Füßchen. Drehe das Blatt in die neue Richtung und senke das Füßchen wieder.

IN BESTIMMTEN ABSTÄNDEN ZUR KANTE NÄHEN

1. Füßchenbreit nähen

Lege das Papier mit einer Kante direkt unter das Füßchen, sodass es mit der rechten Füßchenkante abschließt. Das nennt man füßchenbreit.

Das Füßchen ist genau an der Kante, das ist füßchenbreit.

2. 1 cm zur Kante nähen

Damit du es beim Nähen leicht hast, sind schon alle Schnittteile mit einer Nahtzugabe von 1 cm versehen. Zeichne dir die Nahtlinie vorher auf den Stoff, sie ist 1 cm von der Kante entfernt. Hast du es einmal vergessen, helfen dir die Linien auf der Nähmaschine. Meistens ist die erste Linie 1 cm rechts vom Füßchen. Lege dein Papier dort an und nähe.

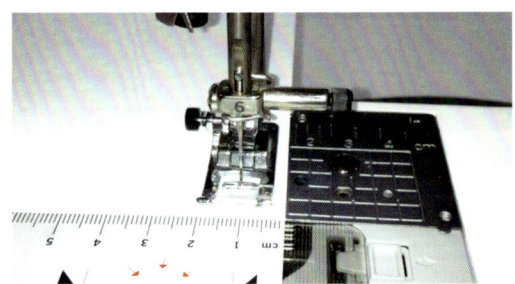

Die Nahtzugabe ist 1 cm.

3. Knappkantig nähen

Damit ist gemeint, dass du beim Nähen so nah wie möglich mit der Nadel an einer Kante entlang nähst, z. B. weil du eine Öffnung schließt.

Knappkantig heißt so nah wie möglich an der Kante.

GARN EINSETZEN

Wenn du dir bei den einzelnen Nähschritten sicher bist, geht es gleich mit dem Nähen auf Stoff und mit Garn weiter. Dafür fädelst du das Garn mithilfe der Bedienungsanleitung deiner Nähmaschine ein. Oben kommt von der Garnrolle der Oberfaden, und von unten kommt der Unterfaden von der Spule. In der Regel werden der Ober- und der Unterfaden zusammen unter dem Füßchen durch nach hinten gelegt. Bevor du losnähst, kontrolliere noch einmal alles, damit sich beim Starten keine Knoten bilden.

NÄHEN MIT DEM ZICKZACKSTICH – VERSÄUBERN UND AUFNÄHEN

Der Zickzackstich eignet sich wunderbar für das Versäubern von Kanten. Achte beim Kantenversäubern darauf, dass du den Stoff einmal mit der Nadel triffst und einmal nicht. So kann die Kante nicht ausfransen. Wenn nicht anders angegeben, wähle eine Stichlänge von ca. 3,5 mm und eine Stichbreite von 4 mm aus. Mit dem Zickzackstich kannst du auch prima Borten und Bänder aufnähen. Es funktioniert genauso wie beim Versäubern, nur triffst du dabei einmal den einen Stoff, bzw. die Borte, und einmal den anderen Stoff. Falls nicht anders angegeben, wähle eine Stichlänge von ca. 1,5 mm und eine Stichbreite von 3 mm aus.

DER UMGANG MIT DER SCHERE – KNIPSEN, EINSCHNEIDEN UND CO.

Damit sich Nähteile besser auf rechts drehen, oder auch verstürzen, lassen und du die Füllwatte auch bis in die Ecken bekommst, kannst du dir mit wenigen Schnitten die Arbeit erleichtern. Herausstehende Ecken schneidest du bis kurz vor der Naht ab. Geht die Ecke oder Spitze nach innen, schneidest du den Stoff bis kurz vor der Naht ein. Bei flachen Rundungen schneidest du den Stoff quer zur Naht ein. Das nennt man auch Knipsen.

Diese Kante wurde mit Zickzackstich versäubert.

Die Borte ist mit Zickzackstich aufgenäht – ganz einfach und hübsch.

Die Naht ist eingeschnitten, damit man besser wenden kann.

NÄHEN VON HAND

Einen Knopf annähen
Damit du auch weißt, wie ein Knopf angenäht wird, hier eine kurze Anleitung für einen Knopf mit zwei Löchern:

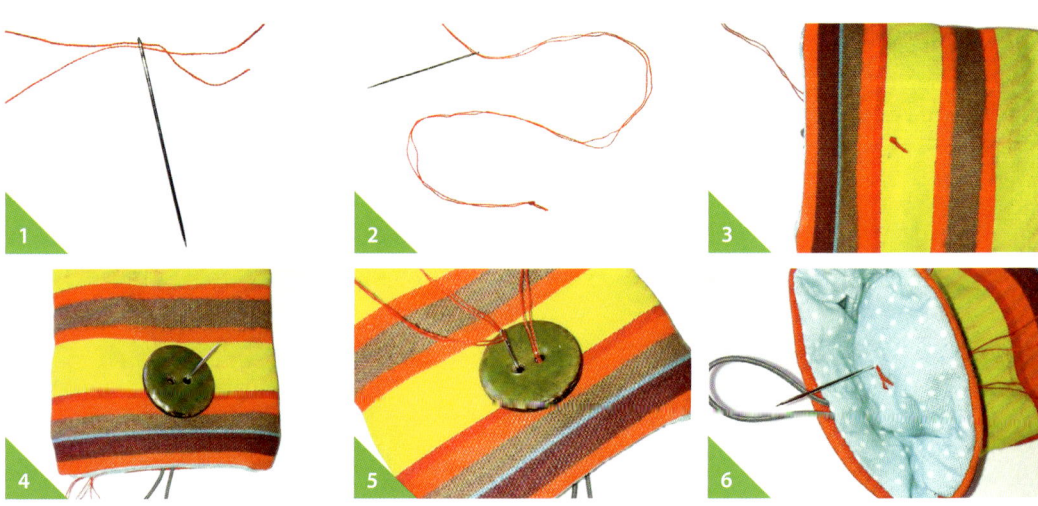

1. Faden zuschneiden
Schneide einen etwa 60 cm langen Garnfaden ab. Lege die beiden Enden zusammen und führe beide durch das Nadelöhr.

2. Faden verknoten
Mach an die beiden Enden einen dicken Knoten. Ziehe die Fäden auf der Seite mit dem Knoten etwas länger als die am Ende mit der Schlaufe.

3. Faden sichern
Stich zuerst von der rechten Stoffseite durch den Stoff. Ziehe den Faden stramm, bis der Knoten fest am Stoff sitzt.

4. Faden durch das erste Knopfloch ziehen
Nähe jetzt direkt daneben wieder zurück auf die rechte Seite und durch das rechte Knopfloch. Ziehe den Faden wieder stramm.

5. Knopf anbringen
Stich von oben durch das linke Knopfloch und den Stoff.

6. Knopf festnähen
Wiederhole alles fünfmal und ende mit Faden und Nadel auf der linken Stoffseite. Nähe noch zweimal nur durch den Stoff und schneide den Faden ab.

Im Matratzenstich nähen

So kannst du z. B. Wendeöffnungen wie beim Messenger Bag auf Seite 84 unsichtbar schließen:

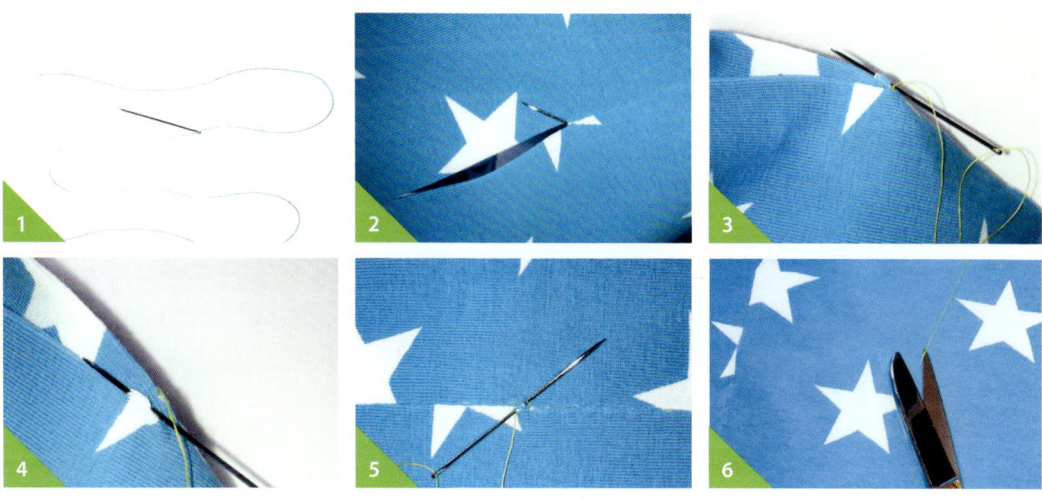

1. Faden zuschneiden
Schneide einen etwa 40 cm langen Faden ab. Führe ein Ende durch das Nadelöhr und verknote es. Man macht den Stich von rechts nach links (als Rechtshänder).

2. Faden sichern
Den ersten Stich nähst du am Anfang der Öffnung von innen nach außen. Der Faden ist gesichert und der Knoten verschwunden.

3. Gegenüber einstechen
Stich in der gleichen Höhe in die Kante gegenüber ein und komm ein Stückchen weiter links wieder heraus.

4. Matratzenstich weiterführen
Stich wieder in der vorherigen Kante genau gegenüber ein und komm ein Stückchen weiter links wieder raus.

5. Naht abschließen
Das wiederholst du, bis du am anderen Ende der Öffnung angekommen bist. Mach noch drei kleine Stiche, um den Faden zu vernähen.

6. Faden abschneiden
Stich mit der Nadel ganz weit nach innen in das Objekt ein und komme irgendwo auf der gegenüberliegenden Seite wieder heraus. Schneide den Faden ab.

EINFASSBÄNDER UND KEDER VERARBEITEN

EINFASSEN VON KANTEN MIT EINEM SCHRÄGBAND

Ein passendes Schrägband kannst du schnell selber machen. Du benötigst einen 4 cm breiten und schräg zum Fadenlauf ausgeschnittenen Stoffstreifen in der von dir gewünschten Länge. Zum Einfassen der Kante steckst du zuerst den Streifen entlang der ersten gebügelten Linie auf die linke Seite deines Stoffs. Schlage dann den Streifen um die Kante, stecke und nähe ihn fest.

1. Kanten zur Mitte bügeln
Bügle die beiden äußeren Kanten zur Mitte des Streifens.

2. Schrägband fixieren
Lege eine wieder aufgeklappte Kante auf die Stoffkante. Nähe nun knapp neben der gebügelten Linie.

3. Kante einfassen
Schlage das Schrägband um die Stoffkante herum und nähe knapp an der Kante entlang.

NÄHE EINEN EIGENEN KEDER

Dafür brauchst du eine feine Kordel, am besten aus Baumwolle in einer zum Stoff passenden Farbe, und einen schräg geschnittenen 3 cm breiten Stoffstreifen in der gewünschten Länge. Diesen faltest du längs und legst dann die Kordel in den Bruch des Stoffstreifens. Stecke und nähe die Kordel in das Band ein. Jetzt kannst du den Keder an das Projekt anbringen.

1. Stoffstreifen zuschneiden
Die Stoffstreifen werden schräg zum Fadenlauf aufgezeichnet und ausgeschnitten.

2. Streifen zusammensetzen
Sind deine Streifen nicht lang genug, kannst du auch mehrere aneinandernähen. Dabei legst du die Streifen schräg aufeinander.

3. Kordel einsetzen
Falte den Stoffstreifen und lege die Kordel genau in den Bruch. Du kannst den Streifen auch zur Hälfte umbügeln. Nun ganz eng feststecken.

4. Kordel einnähen
Nähe ganz nah an der Kordel vorbei. Das geht am einfachsten mit einem Reißverschlussfüßchen.

5. Keder aufnähen
Wenn du beim Aufnähen eines Keders um eine Kurve nähen musst, schneide die Nahtzugabe des Keders etwas ein.

DEIN NÄHFÜHRERSCHEIN

♥ MATERIAL
- Bedruckter Baumwollstoff
  2 Stücke, beide 15 cm lang und 20 cm breit
- Bleistift
- Füllwatte, ca. 200 ml
- Kopiervorlage „Eichhörnchen-Nadelkissen" von S. 92

♥ LOS GEHT'S

1. Schnittmuster kopieren
Kopiere das Schnittmuster auf Papier. Achte dabei auf den Fadenlauf.

2. Schnittmuster übertragen
Lege die Stoffe rechts auf rechts zusammen. Stecke den Papierschnitt auf den Stoff. Zeichne mit einem weichen Bleistift die Umrisse des Papierschnitts auf den Stoff. Nimm den Papierschnitt wieder ab.

3. Teile zusammennähen
Stecke und nähe entlang der Linie. Lass am unteren Rand eine Öffnung von ca. 4 cm. Starte dort mit dem Nähen.

4. Nadelkissen ausschneiden
Schneide das Eichhörnchen im Abstand von 1 cm zur Naht aus. Bei Bögen schneidest du den Stoff quer zur Naht ein. Ecken schneidest du flach ab.

5. Nadelkissen wenden
Wende das Eichhörnchen durch die Öffnung auf die rechte Seite. Nimm eine dicke Stricknadel, um alle Ecken richtig auszuformen.

6. Nadelkissen füllen
Fülle das Nadelkissen mit Füllwatte und verteile sie gleichmäßig.

7. Öffnung zusammenstecken
Stecke die untere Kante zu und markiere dir den Anfangs- und Endpunkt.

8. Öffnung zunähen
Nähe die Öffnung knappkantig zu.

9. Fertig!
Geschafft, du hast den Nähmaschinenführerschein bestanden! Jetzt kannst du alle Projekte in diesem Buch nachnähen!

EINFACHES UTENSILO

♥ MATERIAL

- Beschichteter Baumwollstoff
  2 Stücke, beide 38 cm lang und 30 cm breit
- Bedruckter Baumwollstoff
  2 Stücke, beide 38 cm lang und 30 cm breit
- Watteline H640 als Einlage
  2 Stücke, beide 38 cm lang und 30 cm breit

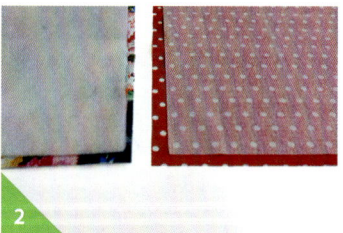

♥ LOS GEHT'S

1. Stoffteile vorbereiten

Lege die beiden beschichteten Stoffteile bereit. Sie sind später die Innenseite des Utensilos. Die gemusterten, nicht beschichteten Teile sind später außen. Klebe die Einlage laut Herstelleranweisung auf die linke Seite der nicht beschichteten Stoffe.

2. Stoffteile zusammenstecken

Lege zwei gleiche Stoffteile mit den rechten Seiten aufeinander. Stecke die beiden beschichteten Teile an den kurzen Seiten und an einer langen Seite zusammen.

3. Stoffteile zusammennähen

Nähe die beschichteten Stoffteile anschließend zusammen. Lass aber eine etwa 10 cm große Wendeöffnung in der Mitte der langen Seite. Nähe die gesteckten Strecken zusammen. Nähe so auch die beiden Teile, die später außen sind, zusammen, aber ohne eine Öffnung zu lassen.

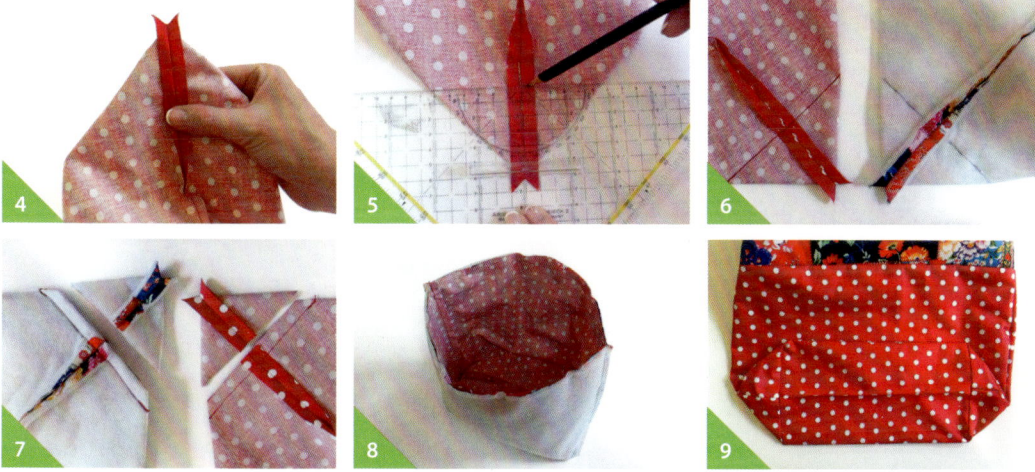

4. Boden formen
Damit du eine runde Form erhältst, greifst du mit dem Zeigefinger in eine der genähten Ecken. Die kurze Seite des Utensilos zeigt dabei zu dir. Streiche mit der anderen Hand die Ecken flach, sodass die Nähte sich berühren.

5. Nahtlinien anzeichnen
Lege den gefalteten Stoff ab und positioniere das Geodreieck mit dem Nullpunkt auf der Naht. Miss auf jeder Seite davon 6 cm ab und zeichne eine Linie.

6. Ecken abnähen
Wiederhole dies ab Schritt 4 an der zweiten Ecke und bei dem anderen Stoffteil. Stecke und nähe alle genähten Ecken entlang der Linie.

7. Ecken zurückschneiden
Schneide die Ecken 1 cm vor der Naht mit der Stoffschere ab.

8. Innen- und Außenteil zusammennähen
Stecke beide Teile ineinander und lege die noch offenen Kanten der beiden Teile rechts auf rechts aufeinander. Stecke und nähe die noch offenen, oberen Kanten rundherum zusammen.

9. Utensilo wenden
Wende vorsichtig alles durch die Öffnung auf die rechte Seite. Stecke und nähe die Öffnung knappkantig zu. Ziehe das fertige Utensilo zuletzt hübsch in Form und schlage den oberen Rand um.

UTENSILO FÜR DIE WAND

♥ MATERIAL
- Bedruckter Baumwollstoff
  24 cm lang und breit
- Gepunkteter Baumwollstoff
  24 cm lang und breit
- Webborte
  etwa 25 cm lang
- Stylefix®
  etwa 25 cm lang
- Stickrahmen
  18–20 cm Durchmesser

 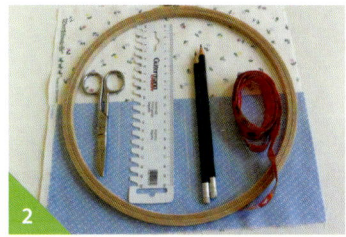 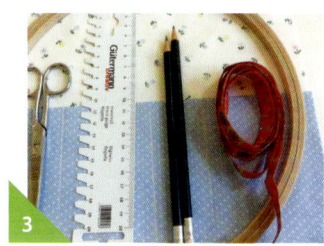
 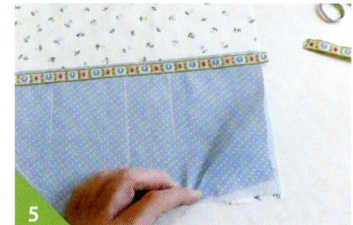 

♥ LOS GEHT'S

1. Stoff vorbereiten
Falte und bügle den Stoff mit der rechten Seite nach außen auf die Hälfte. Bügle die Kanten des anderen Stoffs 1 cm breit um und lege beide unten Kante auf Kante. Stecke sie zusammen.

2. Positionen festlegen
Lege die Stoffe wie abgebildet aufeinander. Platziere die Dinge, die du gern in deinem Wand-Utensilo unterbringen möchtest, auf den Stoffen und lege darüber den Stickrahmen.

3. Fächer anzeichnen
Zeichne mit dem Kreidestift ein, wo dein Zubehör liegen soll. Ziehe dafür mit dem Geodreieck von der Mitte aus Linien von oben nach unten. Lass dabei etwas Platz links und rechts vom Gegenstand – je dicker er ist, desto mehr Platz.

4. Webborte aufnähen
Nähe auf den Stoffbruch des gepunkteten Stoffs die Webborte mit Zickzackstich (Stichlänge 2,5 mm, Stichbreite 3,0 mm) auf. Damit dir das Nähen etwas leichter fällt, kannst du Stylefix® benutzen.

5. Fächer abnähen
Lege die Stoffe wieder entlang der Kanten aufeinander. Nähe sie nun an den eingezeichneten Linien zusammen.

6. Stoff im Stickrahmen einsetzen
Nun legst du nur noch den inneren Stickrahmen unter den Stoff, sodass die Borte genau in der Mitte ist. Lege den äußeren Ring darüber und ziehe die Stellschraube fest.

7. Fertigstellen
Schneide auf der Rückseite vorsichtig den überstehenden Stoff etwas ab, bügle den restlichen Stoff behutsam über den Rand nach innen um und fang gleich an, deine Schätze einzusortieren!

FLÖTENHÜLLE

♥ MATERIAL

- Beschichteter Baumwollstoff
  10 cm lang und 74 cm breit
- Gepunkteter Baumwollstoff
  10 cm lang und 74 cm breit
- Stern-Bügelbilder
  5 Stück
- Watteline H640 als Einlage
  10 cm lang und 74 cm breit
- Hut-Gummiband
  etwa 9 cm lang
- Bunter Knopf aus Kokos
  1 Stück

♥ LOS GEHT'S

1. Bügelbilder aufbringen
Klebe die Stern-Bügelbilder laut Herstelleranleitung auf die rechte Seite des beschichteten Stoffs, der später außen ist. Lege beim Aufbügeln zwischen Stoff und Bügeleisen ein Baumwolltuch.

2. Gummiband anbringen
Lege das Gummiband an einem kurzen Ende des beschichteten Stoffs zu einer Schlaufe. Nähe ein kleines Stück neben der Nahtlinie mehrmals quer über die Schlaufe.

3. Kurze Seiten zusammennähen
Lege die beiden Stoffstreifen rechts auf rechts aufeinander. Stecke und nähe die schmalen Kanten aneinander. Bügle die Nahtzugaben auseinander.

4. Stoffteile aufeinanderlegen
Lege den Stoffring rechts auf rechts längs zusammen. Achte darauf, dass die Nahtzugaben und jeweils die gleichen Stoffe übereinander liegen.

5. Lange Seiten zusammennähen
Stecke und nähe die langen Seiten zusammen, lass an einer der beiden langen Seiten des gepunkteten Stoffs eine Wendeöffnung von etwa 8 cm.

6. Hülle wenden
Wende alles durch die Öffnung auf die rechte Seite. Stecke und nähe die Öffnung knappkantig zu.

7. Hülle ausformen
Stülpe den gepunkteten Stoff in die Flötenhülle. Dabei hilft ein Kochlöffelstiel.

8. Knopf annähen
Lege die Gummischlaufe auf die Vorderseite und markiere die Position für den Knopf. Nähe den Knopf von Hand mit einer Nähnadel gut fest (siehe Seite 18).

TIPP
Versuche doch gleich noch eine kürzere Hülle für das Mundstück! Dann bleibt auch alles schön trocken.

PINSELMÄPPCHEN

♥ MATERIAL

- Beschichteter Baumwollstoff
  22 cm lang und 26 cm breit
- Reißverschluss
  26 cm lang
- Webborte
  etwa 15 cm lang

♥ LOS GEHT'S

1. Reißverschluss feststecken
Stecke den Reißverschluss rechts auf rechts an einer langen Seite des Stoffs fest. Nähe ihn füßchenbreit auf den Stoff. Setze dafür das Reißverschlussfüßchen deiner Nähmaschine wie auf dem Bild an.

2. Reißverschluss annähen
Bevor du loslegst, öffne den Reißverschluss ein Stückchen. Nähe entlang der Reißverschluss-Zähnchen; das Füßchen führt dich. Wenn du auf Höhe des Reißverschluss-Schiebers bist, versenke die Nadel und hebe das Füßchen an. Schließe den Reißverschluss wieder. Nähe bis ans Ende.

3. Erste Schlaufe feststecken
Schneide die Webborte in der Mitte durch, falte eines der Stücke zur Schlaufe. Lege es 1 cm vom Reißverschlussanfang an die Stoffkante und stecke es fest.

4. Zweite Schlaufe feststecken
Die zweite Schlaufe steckst du mittig auf der gegenüberliegenden Stoffkante fest, wo das Reißverschlussende ist.

5. Schlaufen annähen
Nähe die Schlaufen füßchenbreit auf. Vergiss nicht, vorher wieder das normale Nähmaschinenfüßchen einzusetzen.

6. Reißverschluss fertigstellen
Stecke das andere Ende des Reißverschlusses rechts auf rechts auf die noch freie lange Stoffkante. Nähe wie in Schritt 1 und 2 beschrieben, nur schließe den Reißverschluss zuerst ein Stück und öffne ihn, sobald du mit der Nadel den Schieber erreichst.

7. Erste kurze Seite schließen
Lege den Stoff an der Seite, wo das Webband mittig aufgenäht ist, so zusammen, dass der Reißverschluss und das Webband genau aufeinander liegen. Stecke und nähe die Kante zusammen. Vergiss nicht, vorher das normale Nähmaschinenfüßchen einzusetzen.

8. Zweite kurze Seite schließen
Nähe die andere Seite am Reißverschlussanfang im Abstand von 1 cm zur Kante. Lege die gegenüberliegenden Kanten aufeinander, sodass die Markierung und die Reißverschlusskanten genau aufeinander liegen. Damit das einfacher geht, öffne den Reißverschluss ein wenig. Wende dann alles auf die rechte Seite. Fertig ist dein tolles Mäppchen!

PULSWÄRMER

♥ MATERIAL

Für die kleineren Pulswärmer
- Woll-Fleece
  16 cm lang und 55 cm breit
- Bommelborte
  2 Stücke, beide 15 cm lang
- Webborte
  2 Stücke, beide 15 cm lang
- Häkelblumen
  2 Stück
- Stylefix®
  4 Stücke, alle 15 cm lang

Für die größeren Pulswärmer
- Woll-Fleece
  25 cm lang und 55 cm breit
- Bommelborte
  2 Stücke, beide 15 cm lang
- Webborte
  30 cm lang
- Bügelbilder
  2 Stücke
- Stylefix®
  2 Stücke, beide 15 cm lang

❤ LOS GEHT'S

1. Schnittteile aufmalen
Falte den Stoff so, dass links und rechts ein Stoffbruch liegt. Lege deine Hand wie auf dem Bild auf den Stoff. Zeichne die Konturen entlang des Daumens nach.

2. Erstes Schnittteil zuschneiden
Schneide den Stoff entlang der Markierung aus. Dann schneide ihn in der Mitte senkrecht durch.

3. Zweites Schnittteil zuschneiden
Lege das ausgeschnittene Teil auf die andere Hälfte deines Stoffes. Halte ihn gut fest und schneide an der Kante entlang.

4. Webborte aufnähen
Falte den Stoff auf. Stecke und nähe die Webborte an die obere Kante. Am besten nimmst du Stylefix® zu Hilfe und nähst die Borte an den Kanten mit einem Zickzackstich (Stichlänge 2,0 mm, Stichbreite 3,0 mm) auf.

5. Bommelborte aufnähen
Stecke und nähe die Bommelborte an die untere Kante. Auch hier kannst du einen Zickzackstich (Stichlänge 2,0 mm, Stichbreite 3,0 mm) verwenden.

6. Naht schließen
Klappe die Pulswärmer so, dass die rechte Seite innen liegt. Stecke und nähe entlang der geschnittenen Kante, lass dabei eine Öffnung für den Daumen offen.

7. Naht auseinanderbügeln
Bügle die Naht auseinander, sodass dein Daumen gut durch die Öffnung passt. Lass dir dabei von einem Erwachsenen helfen.

8. Bügelbilder und Häkelblumen aufbringen
Wähle die passende Position für Bügelbild oder Häkelblumen aus. Stecke und nähe die Blumen von Hand, die Bügelbilder laut Herstelleranleitung, auf.

WÄRMENDER MUFF

♥ MATERIAL

- Beschichteter Baumwollstoff
  24 cm lang und 40 cm breit
- Baumwoll-Teddystoff
  28 cm lang und 40 cm breit
- Watteline H640 als Einlage
  28 cm lang und 40 cm breit
- Kordel
  etwa 140 cm lang

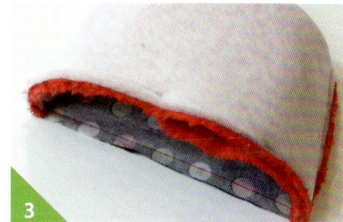

♥ LOS GEHT'S

1. Schnittteile vorbereiten und zusammennähen
Beklebe die Rückseite des Teddystoffs laut Herstelleranleitung mit der Einlage. Lege die beiden Stoffe rechts auf rechts aufeinander. Stecke und nähe eine lange Seite mit 1 cm Abstand zur Kante zusammen. Nähe die gegenüberliegende Seite genau so. Wundere dich nicht, wenn der Stoff Falten schlägt!

2. Stoff doppelt legen
Ziehe die eine Kante vorsichtig bis zur anderen Kante durch den Tunnel.

3. Naht schließen
Stecke und nähe entlang der Kante die jeweils gleichen Stoffe aufeinander. Lass dabei eine Wendeöffnung von etwa 8 cm im Teddy-Stoff.

4. Muff wenden und fertigstellen
Wende den Muff durch die Öffnung auf die rechte Seite. Stecke und nähe die Öffnung knappkantig zu. Wende den Teddystoff nach innen und streiche den Stoff glatt. Der Teddystoff sollte an beiden Seiten gleichmäßig hervorschauen. Ziehe die Kordel durch den Muff und knote die Enden fest zusammen.

LUNCHBAG

♥ MATERIAL

Lunchbag mit blauen Sternen

- Klettband
  etwa 12 cm lang
- Beschichteter Baumwollstoff
  2 Stücke, beide 23 cm lang und 33 cm breit
- Beschichteter Baumwollstoff als Innenfutter
  2 Stücke, beide 23 cm lang und 33 cm breit

♥ LOS GEHT'S

1. Klettband feststecken
Stecke den angerauten Teil des Klettbands im Abstand von etwa 8 cm zur oberen Kante mittig auf einen der Stoffe, die später außen sind, den weichen Teil im Abstand von etwa 6 cm auf das andere Stoffstück für außen.

2. Klettband aufnähen
Nähe im Zickzackstich (z.B. Stichlänge 3,0 mm, Stichbreite 3,0 mm) das Klettband rundherum auf.

3. Schnittteile zusammennähen
Lege je zwei identische Stoffe rechts auf rechts aufeinander. Stecke und nähe die Teile an den langen Seiten und der unteren Kante zusammen.

4. Nahtlinien zum Ausformen anzeichnen
Lege die beiden Stofflagen der Ecken flach aufeinander. Lege das Geodreieck am Nullpunkt auf die Naht. Miss auf jeder Seite von dort 2 cm ab und zeichne eine Linie.

5. Ecken abnähen
Stecke und nähe die Ecke entlang der Linie quer zusammen. Mach dasselbe mit den restlichen drei Ecken der beiden Beutel.

6. Innen- und Außenteil zusammenbringen
Stecke beide Teile ineinander und lege die oberen Kanten der beiden Beutel rechts auf rechts aufeinander.

7. Innen- und Außenteil zusammennähen
Stecke und nähe beide Kanten rundherum zusammen. Lass dabei eine Wendeöffnung von etwa 6 cm.

8. Wenden und Kante abnähen
Wende vorsichtig alles durch die Öffnung auf die rechte Seite. Stecke und nähe die obere Kante knappkantig ab. Jetzt fehlt nur noch ein leckeres Sandwich!

TIPP
Du kannst das Lunchbag noch mit Borten oder auch Stickern verzieren.

FREUNDSCHAFTSARMBÄNDER

♥ MATERIAL

- Kunstleder
  20 cm lang und 2 cm breit
- Webborte
  etwa 24 cm lang und 1 cm breit
- Stylefix®
  etwa 24 cm lang
- Kam Snaps in Rot
  1 Oberteil, 2 Unterteile

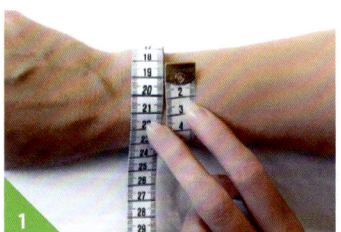
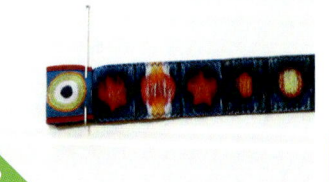
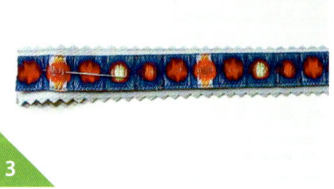

♥ LOS GEHT'S

1. Länge bestimmen
Miss deinen Armumfang am Handgelenk oder dort, wo du das Armband tragen möchtest. Zähle etwa 3 cm dazu.

2. Lederband und Webborte zuschneiden
Schneide das Lederband zurecht. Besonders toll wird es mit der Zackenschere. Falte die Webborte an einem Ende zweimal etwa 1 cm um. Stecke und nähe den Umschlag fest.

3. Kanten aufeinanderlegen
Lege die Webborte mit der rechten Seite so auf die Rückseite des Leders, dass die offene Kante mit der Lederkante abschließt.

4. Erste Kante zusammennähen
Stecke und nähe die beiden Kanten zusammen.

5. Webborte umschlagen
Schlage die Webborte entlang der Kante auf die rechte Seite des Leders um.

6. Webborte feststecken
Stecke sie mittig darauf fest. Das genähte Ende der Webborte schlägst du um das andere Ende des Lederbands. Damit das Nähen leichter geht, verwende Stylefix®.

7. Webborte aufnähen
Nähe die Webborte mit einem kleinen Zickzackstich (z. B. Stichlänge 1,5 mm, Stichbreite 3,0 mm) rundherum auf das Lederband.

8. Kam Snap anbringen
Bringe das erste Unterteil vom Kam Snap etwa 1 cm vor der Kante auf der rechten Seite des Bands an. Das zweite Unterteil im Abstand von etwa 2 cm gleich daneben. Das Oberteil kommt genau so ans andere Ende des Bands auf die Rückseite. Schon ist das Freundschaftsarmband fertig zum Verschenken!

TIPP
Du kannst die Armbänder auch doppelt so lang machen und zweimal ums Handgelenk wickeln. Mach für deine Freundin doch eins in der gleichen Farbe!

DREIECKSTUCH

♥ MATERIAL

- Bedruckter Baumwollstoff
  100 cm lang und 120 cm breit
- Türkis karierter Baumwollstoff
  22 cm lang und 120 cm breit
- Webborte mit Sternenmuster
  etwa 125 cm lang
- Stylefix®
  etwa 125 cm lang
- Bügelvlies H200 als Einlage
  10 cm lang und 70 cm breit
- Ösen
  Durchmesser 14 mm, 4 Stück
- Karabiner aus Leichtmetall
  1 Stück

♥ LOS GEHT'S

1. Schnittteile zusammennähen
Lege die beiden Stoffe längs mit der rechten Seite aufeinander. Nähe die Stoffe (Stichlänge 3,0 mm) 1 cm von der Kante zusammen. Bügle die Nahtzugabe auseinander.

2. Webborte aufnähen
Nähe die Borte auf die Naht. Klebe sie vorher mit Stylefix® fest, dann geht das Nähen gleich viel leichter.

3. Einlage aufbringen
Schneide die Einlage wie auf dem Bild L-förmig zurecht. Breite den Stoff flach, mit der linken Seite nach oben aus, positioniere die Einlage und klebe sie fest. Dort sitzen später die Ösen.

4. Stoff doppelt legen
Falte den Stoff Ecke auf Ecke mit der linken Seite nach außen zum Dreieck.

5. Seiten zusammennähen
Bevor du die Seiten mit einem Abstand von 1 cm zur Kante zusammennähst (Stichlänge 3,0 mm), markiere dir eine Wendeöffnung von etwa 10 cm.

6. Tuch wenden
Schneide die Spitze an den Ecken etwas ab. Wende das Tuch durch die Öffnung auf die rechte Seite und bügle alle Kanten flach.

7. Ösen anbringen und Ränder abnähen
Breite das Tuch aus. Bringe die Ösen laut Herstelleranleitung an den beiden gegenüberliegenden Zipfeln an und hänge den Karabiner ein. Um die Wendeöffnung zu schließen, nähst du die beiden kürzeren Ränder des Tuchs einmal knappkantig ab.

NÄHZEUGBEUTEL

♥ MATERIAL

Für einen großen Beutel

- Baumwollstoff für den Beutel
  54 cm lang und 25 cm breit
- Baumwollstoff für den Tunnel
  2 Stücke, beide 25 cm lang und 8 cm breit
- Bändchen
  2 Stücke, beide 70 cm lang

Für einen kleinen Beutel

- Baumwollstoff für den Beutel
  46 cm lang und 17 cm breit
- Baumwollstoff für den Tunnel
  2 Stücke, beide 17 cm lang und 6 cm breit
- Bändchen
  2 Stücke, beide 60 cm lang

♥ LOS GEHT'S

1. Kanten versäubern
Versäubere alle Kanten des großen Stoffstücks mit dem Zickzackstich (Stichlänge 3,5 mm, Stichbreite 5 mm).

2. Beutel formen und Seitennähte schließen
Falte den großen Stoff so, dass die langen Seiten halbiert werden. Die beiden rechten Seiten liegen aufeinander. Stecke und nähe die Seiten zu.

3. Boden formen
Gehe mit dem Zeigefinger in eine der Ecken. Die kurze Seite des Beutels zeigt zu dir. Lege mit der anderen Hand die beiden Stofflagen flach aufeinander, sodass die Nähte sich berühren, und ziehe den Zeigefinger aus der Ecke.

4. Nahtlinien anzeichnen
Lege das Geodreieck mit der Null auf die Naht und verschiebe es, bis die Seitenkanten auf jeder Seite bei der 4-cm-Markierung (für den kleinen Beutel 3 cm) liegen. Zeichne eine waagrechte Linie.

5. Ecken abnähen
Wiederhole das für die zweite Ecke. Stecke und nähe beide Ecken entlang der Linie ab.

6. Ecken zurückschneiden
Schneide die Ecken bis 1 cm vor der Naht ab und versäubere sie mit dem Zickzackstich.

7. Tunnelstoff vorbereiten
Bügle die kurzen Kanten der beiden kleinen Streifen 1 cm zur linken Seite hin um. Lass dir dabei von einem Erwachsenen helfen.

8. Tunnelstoff doppelt legen und Kanten versäubern
Falte und bügle mithilfe des Erwachsenen die Stoffe so, dass die kurzen Seiten halbiert werden. Versäubere die Kante mit dem Zickzackstich.

9. Tunnel annähen
Stecke und nähe die beiden Streifen rechts auf rechts entlang der oberen Kante des Beutels auf. Die Streifen stoßen an der Seitennaht des Beutels aneinander.

10. Tunnel fixieren
Klappe den Tunnel nach oben. Lege die Nahtzugabe zum Beutel und nähe sie von rechts knapp neben der Naht am Beutel fest. So hast du das Bügeln gespart.

11. Band einziehen
Fädle mithilfe einer Sicherheitsnadel das erste Band durch die beiden Tunnel und verknote die Enden. Das zweite Band fädelst du entgegengesetzt ein.

TIPP
In diesen schönen Beuteln kannst du z. B. deine Nähgarne oder andere Sachen aufbewahren.

NADELBUCH

♥ MATERIAL

- Bedruckter Baumwollstoff
  32 cm lang und 20 cm breit
- Wollfilz für den Buchrücken
  27 cm lang und 15 cm breit
- Wollfilz für die Seiten
  3 Stücke, jedes 25 cm lang und 15 cm breit,
  evtl. in verschiedenen Farben
- Wollfilz für das Bild
  9 cm lang und 6 cm breit
- Klebe-Vlies für den Buchrücken
  28 cm lang und 16 cm breit
- Klebe-Vlies für das Bild
  9 cm lang und 6 cm breit
- Volumen-Vlies
  28 cm lang und 16 cm breit
- Bügelapplikationen

TIPP

Damit du die Nadeln besser findest, kannst du verschiedene Seitenfarben nehmen oder/und die Seiten mit weiteren Applikationen schmücken.

♥ LOS GEHT'S

---

1. Volumen-Vlies aufbringen
Klebe das Volumen-Vlies laut Herstellerangaben auf die linke Seite des bedruckten Stoffs, sodass an allen Seiten der Stoff 2 cm übersteht. Lass dir beim Bügeln von einem Erwachsenen helfen.

2. Stoffkanten feststecken
Klappe die Stoffkanten um das Volumen-Vlies und stecke sie rundherum fest. Falte dabei den Stoff in den Ecken zu „Briefecken", indem du die entstehenden Stoffdreiecke unter den umgeschlagenen Stoffrand schiebst.

3. Buchrücken fixieren
Beklebe den Wollfilz für den Buchrücken laut Herstelleranleitung mit Klebe-Vlies, ziehe das Papier ab und lege den Filz links auf links mittig auf den Stoff. Fixiere den Filz mit dem Bügeleisen, lass dir dabei von einem Erwachsenen helfen.

4. Applikation aufbringen
Fixiere die Applikation laut Herstelleranleitung auf den Wollfilz für das Bild. Auf die Rückseite des Bilds fixierst du das Klebe-Vlies, ziehst das Papier ab und positionierst es auf dem Buch-Cover. Bügle es vorsichtig mithilfe eines Erwachsenen auf.

5. Seiten einnähen
Zeichne sowohl auf dem Buch-Cover als auch auf dem Filz für die Seiten die Mittellinie ein. Stecke und nähe alles aufeinander (Stichlänge 4 mm).

PEDALSTOPPER

♥ MATERIAL

- Antirutsch-Unterlage für Teppiche
  50 cm lang und 15 cm breit
- Baumwollstoff als Zwischenfutter
  25 cm lang und 15 cm breit
- Baumwollstoff für die Einfassung
  100 cm lang und 8 cm breit
- Baumwollstoff für die Rolle
  22 cm lang und 10 cm breit
- Dickes Quilt-Vlies für die Rolle
  18 cm lang und 10 cm breit

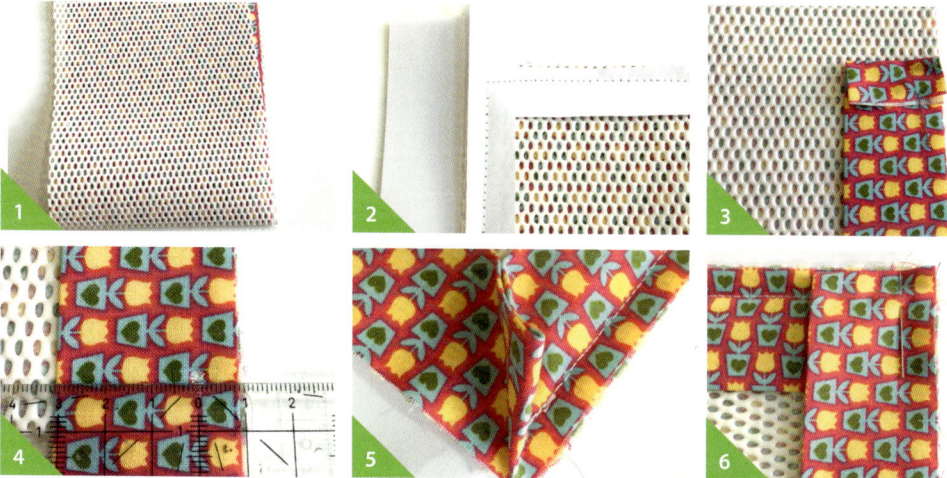

♥ LOS GEHT'S

1. **Antirutsch-Unterlage vorbereiten**
Falte die Antirutsch-Unterlage zur Hälfte, sodass die kurzen Seiten aufeinander liegen, und lege dabei das 25 x 15 cm große Stoffstück dazwischen.

2. **Antirutsch-Unterlage absteppen**
Stecke und steppe alles zusammen rundherum füßchenbreit ab. Da das Material ja nicht rutscht, lege beim Nähen ein dünnes Blatt Papier darunter und Papierstreifen obendrauf. Ziehe das Papier vorsichtig wieder ab.

3. **Einfassung anbringen**
Falte und bügle den langen Stoffstreifen längs zur Hälfte. Stecke ihn auf die Rückseite des Stoppers, entlang einer der langen Seiten, mit dem Bruch nach innen. Beginne bei 2/3 der Längsseite, klappe den Anfang des Streifens um.

4. **Eckpunkt markieren**
Markiere an der unteren Ecke den Punkt, der zu beiden Kanten einen Abstand von 1 cm (deine Nahtbreite) hat. Nähe genau bis zu diesem Punkt und lege wieder Papier unter den Pedalstopper.

5. **Ecke einfassen**
Falte den Stoffstreifen in der Ecke so, dass ein Dreieck entsteht, das aufrecht stehen kann. Der noch freie Streifen liegt auf der nächsten Kante des Pedalstoppers.

6. **Stoffdreieck umlegen**
Kippe das Stoffdreieck vorsichtig auf die Seite, die du schon genäht hast, und stecke es fest. Aber nicht annähen!

7. Kurze Kante einfassen
Stecke entlang der Kante den Streifen weiter fest. An der nächsten Ecke markierst du wieder den Punkt mit 1 cm Abstand zu beiden Kanten. Nähe den Streifen bis zu dem markierten Punkt fest. Falte dann wieder den Stoffstreifen wie in Schritt 5 und 6.

8. Übrige Einfassung anbringen
Wiederhole Schritt 7 für die nächsten Ecken, bis du wieder auf der ersten langen Seite bist.

9. Einfassung abschließen
Schneide den Streifen ab, sodass er ca. 3 cm lang über deine Anfangsnaht reicht. Stecke ihn darauf fest und nähe das letzte Stück Naht. Entferne vorsichtig das Papier auf der Rückseite.

10. Einfassung umschlagen
Klappe den Streifen um die Kante des Pedalstoppers und stecke ihn auf der rechten Seite entlang der sichtbaren Naht fest. Lass dabei die Ecken außer Acht.

11. Einfassung absteppen
Die Ecken faltest du so, dass eine Briefecke entsteht, d. h. du schiebst das Dreieck flach unter den Stoffstreifen. Stecke diese Ecken fest. Nähe den Streifen rundherum knappkantig fest.

12. Rolle vorbereiten
Nimm das letzte Stoffstück (22 x 10 cm) und bügle alle Kanten 1 cm um.

13. Rolle nähen
Rolle das Quilt-Vlies fest längs zusammen, lege es auf die linke Stoffseite und klappe den Stoff darüber. Stecke und nähe die Kanten knappkantig zu.

14. Erstes Ende der Rolle anbringen
Lege die Rolle mit 2 cm Abstand zur oberen Kante auf die Rückseite des Pedalstoppers, sodass sie nach außen zeigt und ihr Rand auf der Innenkante der Umrandung liegt. Stecke und nähe die Rolle zweimal fest.

15. Rolle fertigstellen
Dann schlage sie um, stecke und nähe sie auf die gleiche Art auf der anderen Seite des Pedalstoppers an. Fertig!

WÄRMFLASCHENBEUTEL

♥ MATERIAL

Für eine 1,8-l-Wärmflasche

- Baumwollstoff
  25 cm lang und 18 cm breit
- Sweatstoff
  48 cm lang und 37 cm breit
- Bändchen
  75 cm lang

♥ LOS GEHT'S

1. Beutel vorbereiten
Lege und bügle eine der kurzen Kanten des Sweatstoffs 2 cm zur linken Seite um, das wird die obere Kante. Lass dir von einem Erwachsenen helfen.

2. Beutel zusammennähen
Falte den Sweatstoff rechts auf rechts entlang der Längskanten, sodass die langen Seiten halbiert werden. Stecke und nähe die Seite und die untere Kante zusammen. Achtung, klappe dabei die gebügelte Kante wieder auf.

3. Kanten versäubern
Versäubere die Nahtzugaben mit dem Zickzackstich (Stichlänge 4 mm, Stichbreite 6 mm).

4. Tunnel vorbereiten
Lege und bügle die kurzen Kanten des Stoffstreifens 1 cm zur linken Seite um. Lass dir dabei von einem Erwachsenen helfen.

5. Tunnel umbügeln
Falte den Streifen links auf links so, dass die kurzen Seiten halbiert werden, bügle ihn flach. Lass dir von einem Erwachsenen helfen.

6. Nahtlinie anzeichnen
Zeichne eine Markierungslinie im Abstand von 4 cm zur unteren Streifenkante.

7. Tunnel zusammennähen
Stecke und nähe entlang der Markierungslinie. Stecke und nähe oberhalb der Markierungslinie knappkantig entlang der Seiten. Der untere Teil des Streifens bleibt offen.

8. Kanten versäubern
Versäubere mit dem Zickzackstich die unteren, noch offenen Kanten des Streifens gemeinsam.

9. Obere Beutelkante nähen
Lege die obere Kante wieder nach links um. Stecke und nähe sie füßchenbreit rundherum fest.

10. Tunnel annähen
Lege den Stoffstreifen so an die obere Kante, dass die Nahtzugaben beider Teile aufeinander liegen. Stecke und nähe beides knapp neben der füßchenbreiten Naht von rechts zusammen.

11. Kordel einziehen
Ziehe die Kordel mit einer Sicherheitsnadel durch den Tunnel und verknote die Enden.

FAKIRHOSE

♥ MATERIAL
- Bedruckter Baumwolljersey
  etwa 140 cm lang und 60 cm breit
- Gummiband
  2,5 cm breit
  Länge passend zu deinem Bauchumfang

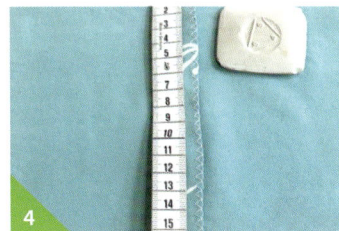 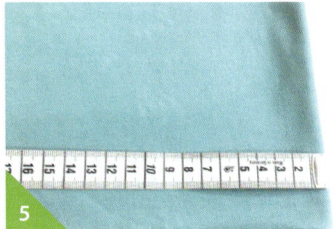 

♥ LOS GEHT'S

1. Kanten versäubern und Stoff doppelt legen
Versäubere eine lange und die beiden kurzen Kanten des Stoffs mit dem Zickzackstich (Stichlänge 4 mm, Stichbreite 6 mm). Falte den Stoff rechts auf rechts zusammen, sodass die beiden kurzen Kanten aufeinander liegen.

2. Kurze Kanten zusammennähen
Stecke und nähe mit dem Zickzackstich (Stichlänge 4 mm, Stichbreite 5 mm) die beiden Kanten zusammen. Starte am besten 2 cm von der oberen Kante und nähe zum Verriegeln bis zur Kante rückwärts, dann vorwärts.

3. Nahtzugaben auseinanderbügeln
Bügle die Nahtzugaben auseinander. Lass dir dabei von einem Erwachsenen helfen.

4. Ersten Markierungspunkt setzen
Miss, von der unteren, noch nicht versäuberten Kante ausgehend, entlang der Naht ca. 18 cm nach oben ab und markiere diesen Punkt.

5. Zweiten Markierungspunkt setzen
Miss nun entlang der seitlichen Kanten in beide Richtungen eine Strecke von ca. 15 cm und markiere diese Punkte.

6. Beininnenseite anzeichnen
Verbinde die beiden seitlichen Punkte jeweils in einer gebogenen Linie mit dem mittleren Punkt. Dazu kannst du auch einen großen Teller oder etwas Ähnliches zu Hilfe nehmen.

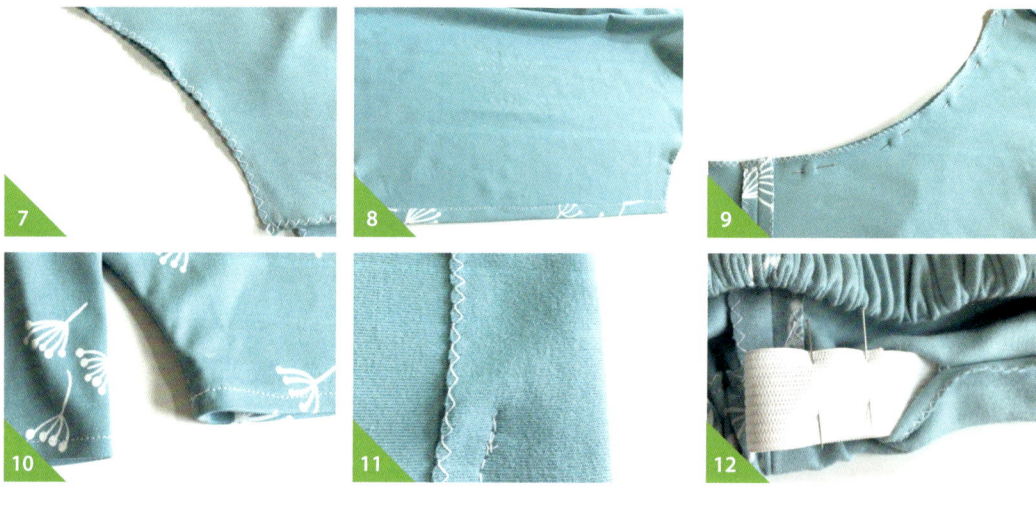

7. Beine ausschneiden
Schneide entlang der gebogenen Linien durch beide Lagen des Stoffs eine Rundung aus; sie hat die Form eines etwas gestauchten Halbkreises. Versäubere die offenen gebogenen und geraden Kanten einzeln mit dem Zickzackstich.

8. Saum umbügeln
Bügle die unteren geraden Kanten ca. 1,5 cm um. Lass dir dabei wieder von einem Erwachsenen helfen.

9. Innenbein-Naht schließen
Stecke und nähe die Bögen rechts auf rechts zusammen. Klappe dafür die gebügelten Kanten wieder auf.

10. Bein säumen
Stecke und nähe die gebügelten Kanten rundherum wieder um.

11. Tunnel nähen
Stecke und nähe an der oberen Kante den Stoff 4 cm nach innen um, lass dabei eine Öffnung von ca. 5 cm.

12. Gummiband einziehen
Ziehe das Gummiband mithilfe einer Sicherheitsnadel durch den Tunnel. Lass dabei beide Enden aus der Öffnung schauen. Lege die beiden Gummiband-Enden flach aufeinander und nähe sie mehrmals zusammen. Achtung, das Gummi nicht verdrehen!

13. Tunnelöffnung schließen
Nähe die Öffnung im Tunnel zu. Und fertig!

TIPP
Wenn du den Bogen in der Mitte etwas flacher oder höher haben möchtest, kannst du das einfach machen. Auch die Gesamtlänge der Hose (wie bei uns ca. 55 cm oder doch lieber 70 cm) kannst du nach deinem Geschmack ändern. Dazu musst du den Stoff ca. 5 cm breiter zuschneiden, als die fertige Hose lang werden soll; die Länge des Stoffs bleibt gleich.

STRANDLAKEN

♥ MATERIAL
- Gewaschener Frottierstoff
  2 Stücke, beide etwa 155 cm lang und 100 cm breit, evtl. in verschiedenen Farben
- Gewaschener Frottierstoff für die Taschen
  etwa 55 cm lang und breit
- Einfassband aus Baumwolle
  etwa 160 cm lang

♥ LOS GEHT'S

1. Taschen vorbereiten
Falte den quadratischen Stoff über Eck zur Hälfte und schneide ihn an dem schrägen Bruch durch.

2. Einfassband anbringen
Stecke und nähe (Stichlänge 4 mm) entlang der schrägen Kanten beider Dreiecke das Einfassband zuerst auf die linke Seite auf (siehe Seite 20). Achtung: Bei Frottierstoff ist die etwas langflorigere oder auch „kuscheligere" Seite die rechte bzw. schöne Seite.

3. Kante einfassen
Klappe das Einfassband zur schönen Seite um. Stecke und nähe es dort knappkantig auf (siehe Seite 16).

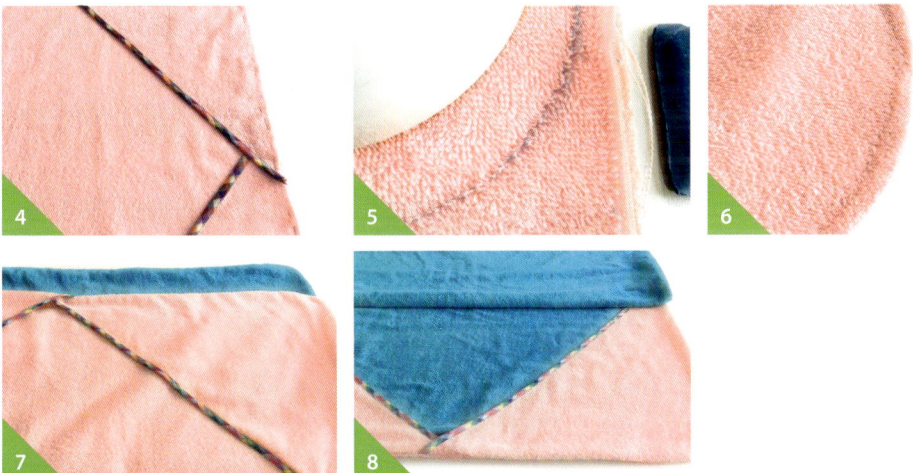

4. Taschen aufnähen
Stecke und nähe die beiden Dreiecke füßchenbreit auf eine der beiden kurzen Seiten eines der beiden großen Stoffe auf. Dazu legst du jeweils Ecke auf Ecke; die Dreiecke liegen in der Mitte etwas über Kreuz. Du nähst nur an den kurzen Kanten entlang.

5. Ecken abrunden
Lege die beiden großen Stoffe rechts auf rechts aufeinander. Zeichne mit einem kleinen Teller oder einem Schüsselchen die Ecken rund ab. Halte dabei einen Abstand zur Kante von 1 cm.

6. Vorder- und Rückseite zusammennähen
Stecke und nähe die beiden Stoffe rundherum zusammen, lass dabei an einer der langen Seiten eine Öffnung von ca. 15 cm. Bevor du alles durch die Öffnung auf die rechte Seite ziehst, schneide die Nahtzugabe in den runden Ecken etwas kürzer.

7. Öffnung schließen
Schließe die Öffnung knappkantig. Jetzt hast du ein Wendestrandlaken …

8. Fertig!
… und brauchst nur die Taschen auf die andere Seite umzuklappen, wenn du das Laken andersherum hinlegen willst.

REISEBOX

♥ MATERIAL

- Bedruckter Baumwollstoff
  35 cm lang und 25 cm breit
- Beschichteter Stoff
  35 cm lang und 25 cm breit
- Volumen-Vlies H 630
  35 cm lang und 25 cm breit
- Reißverschluss
  25 cm lang
- Zierband
  2 Stücke, beide 7 cm lang
- Gurtband
  16 cm lang

♥ LOS GEHT'S

1. Volumen-Vlies aufbringen
Klebe das Vlies nach Herstellerangaben auf den Baumwollstoff. Lass dir beim Bügeln von einem Erwachsenen helfen.

2. Zierband aufnähen
Markiere dir auf beiden Stoffen an den langen Kanten jeweils rechts und links die Mitte. Stecke und nähe die gefalteten Zierbänder mittig auf die Markierung des Baumwollstoffs füßchenbreit fest.

3. Erste Reißverschlussseite einnähen
Stecke und nähe entlang der kurzen Kante, zwischen dem Baumwollstoff und dem beschichteten Stoff, den Reißverschluss fest. Die Naht beginnt und endet jeweils im Abstand von 1 cm zur Kante.

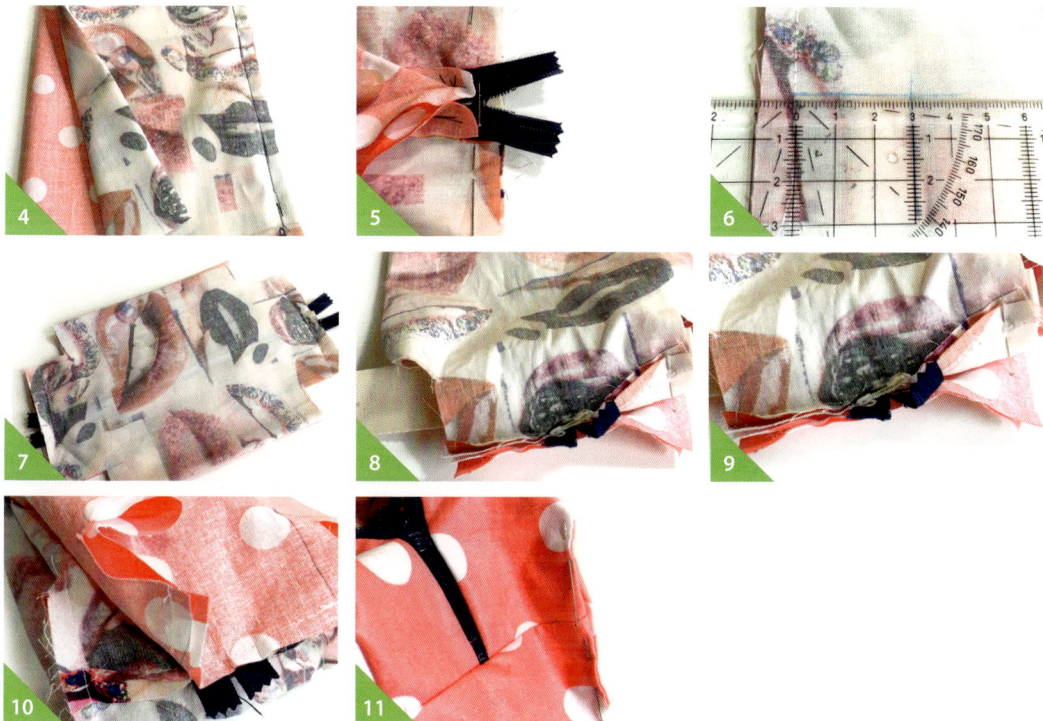

4. Zweite Reißverschlussseite einnähen
Falte die Stoffe jeweils rechts auf rechts und wiederhole Schritt 3 mit der jeweils anderen Seite von Reißverschluss und beiden Stoffen.

5. Lange Seite schließen
Stecke und nähe die offenen Kanten der jeweils passenden Stoffe aufeinander, sodass der Reißverschluss bei dem Baumwollstoff auf dem Zierband liegt und bei dem beschichteten Stoff auf der Markierung. Achtung: Lass den Reißverschluss dabei offen.

6. Ecken anzeichnen
Zeichne dir an allen 8 Ecken im Abstand von 3 cm zur Naht und zur Kante Linien ein.

7. Ecken ausschneiden
Schneide entlang der Linien die Quadrate aus.

8. Gurtband anbringen
Markiere dir an den kurzen Kanten des Gurtbands die Mitte. Schiebe das Gurtband durch den „Tunnel" des Baumwollstoffs und stecke die Enden jeweils mittig auf die Naht an den Kanten, sodass sich die Box aufstellt.

9. Gurtband positionieren
Achtung: Das Gurtband kommt auf dasjenige Ende der Box, an dem der Reißverschlussreiter sitzt, wenn die Box geschlossen ist.

10. Ecken aufstellen und zusammennähen
Stecke und nähe jeweils die offenen Kanten von 7 Ecken zusammen. Eine Ecke im beschichteten Stoff bleibt offen.

11. Reisebox wenden
Wende die Box durch diese Öffnung auf rechts. Stecke und nähe die Öffnung dann knappkantig zu (Seite 16).

PONCHO

♥ MATERIAL

- Walkwolle
  110 cm lang und 55 cm breit
- Zierband
  insgesamt 230 cm: 1 Stück mit 110 cm Länge
  und 2 Stücke mit 60 cm Länge
- Bommelborte insgesamt 230 cm: 1 Stück mit
  110 cm Länge und 2 Stücke mit 60 cm Länge

TIPP
Wenn es dir gefällt, kannst du am Halsausschnitt auch
eine Zierborte aufnähen.

1. Bommelborte an der langen Seite annähen
Stecke und nähe (Stichlänge 4 mm) entlang einer der langen Kanten die lange Borte auf. Achtung: Das geht einfacher mit dem Reißverschlussfüßchen deiner Nähmaschine.

2. Zierband an der langen Seite aufnähen
Stecke und nähe im Abstand von ca. 2 cm zur Bommelborte das Zierband mit dem Zickzackstich (Stichlänge 4 mm, Stichbreite 3,5 mm) auf.

3. Bommelborte an den kurzen Seiten annähen
Stecke und nähe dann entlang der kurzen Seiten die Bommelborte auf. Lege dabei am Anfang und Ende die Bommelborte um die Stoffkante.

4. Zierband an den kurzen Seiten aufnähen
Stecke und nähe das Zierband wieder im Abstand von ca. 2 cm neben der Bommelborte auf. Schlage dafür am Anfang und am Ende die Borte etwas ein.

5. Poncho falten und zusammennähen
Falte den Stoff rechts auf rechts zum Quadrat zusammen. Stecke und nähe die Kante ohne Borte mit einer Nahtzugabe von 2 cm zu. Lass dabei am oberen Ende (wo der Stoffbruch ist) eine Lücke von ca. 30 cm. Achtung: Die Borten genau aufeinanderlegen.

6. Nahtzugaben auseinanderbügeln
Bügle die Nahtzugaben auseinander. Die offene Kante oberhalb der Naht bügelst du ebenfalls 2 cm um. Lass dir dabei von einem Erwachsenen helfen.

7. Halsausschnitt absteppen
Stecke und nähe mit dem Zickzackstich (Stichlänge 4 mm, Stichbreite 3,5 mm) die Kanten des Halsausschnitts flach auf. Fertig!

KOFFERANHÄNGER

♥ MATERIAL

- Baumwollstoff für die Applikation
  6 cm lang und breit
- Baumwollstoff für die Schlaufe
  10 cm lang und 6 cm breit
- Wollfilz in 2 verschiedenen Farben
  jeweils 10 cm lang und breit
- Karabiner oder Schlüsselring
- Knopf
- Kopiervorlage „Kofferanhänger" von S. 92

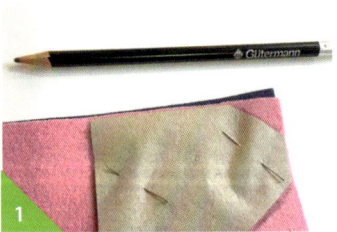

♥ LOS GEHT'S

1. Schnittmuster kopieren und übertragen
Kopiere dir das Schnittmuster auf Papier. Lege die beiden Filzplatten aufeinander, stecke das Schnittmuster darauf fest und zeichne es rundherum auf.

2. Schnittteile zuschneiden
Nimm das Schnittteil wieder ab und schneide beide Filzplatten aus. Nimm eines der beiden Filzteile und schneide mit einer Zackenschere die Kante knapp ab.

3. Motiv ausschneiden
Zeichne von Hand ein kleines Herz (oder eine Blume oder auch einen Stern) auf den kleineren Stoff und schneide es aus.

4. Motiv aufnähen
Stecke und nähe es auf den gezackten Filz. Es sieht toll aus, wenn es nicht ganz so ordentlich genäht ist und du zweimal in verschiedenen Farben nähst.

5. Knopf annähen
Fädle Nähgarn doppelt in eine Handnähnadel ein und verknote ein Ende. Nähe den Knopf auf dem Herz fest (siehe Seite 18).

6. Schlaufe vorbereiten
Nimm das größere Stoffstück und bügle die beiden langen Kanten 1 cm um. Falte den Stoff an der langen Kante noch einmal zusammen, sodass die Kanten aufeinander liegen, und bügle auch hier drüber. Lass dir beim Bügeln von einem Erwachsenen helfen.

7. Schlaufe annähen
Ziehe den Stoff durch den Karabiner und lege die Stoffschlaufe dann auf das Filzteil mit dem glatten Rand. Stecke alles so fest, dass die Stoffenden versetzt übereinander liegen. So wird der Anhänger an dieser Stelle nicht zu dick. Nähe quer über die Schlaufe.

8. Ober- und Unterteil zusammennähen
Lege das Filzteil mit dem Herz auf das Unterteil. Achte darauf, dass der Abstand zu den Kanten gleichmäßig ist. Stecke und nähe die Filzteile rundherum zusammen.

TABLET-HÜLLE

♥ MATERIAL

Für ein Tablet

- Dekostoff oder mit Filz laminierter Stoff
  45 cm lang und 28 cm breit
- Baumwollstoff mit Motiv
  82 cm lang und 28 cm breit
- Baumwollstoff mit Motiv für die Applikation
  so groß wie das Bild
- Klebe-Vlies
  etwas größer als das Bild
- Farbiges Gummiband
  4 Stücke, jedes 17 cm lang

Für einen E-Reader

- Dekostoff oder mit Filz laminierter Stoff
  30 cm lang und 22 cm breit
- Baumwollstoff mit Motiv
  57 cm lang und 18 cm breit
- Baumwollstoff mit Motiv für die Applikation
  so groß wie das Bild
- Klebe-Vlies
  etwas größer als das Bild
- Farbiges Gummiband
  4 Stücke, jedes 17 cm lang

♥ LOS GEHT'S

1. Applikation vorbereiten
Klebe laut Anleitung des Herstellers das Klebe-Vlies auf die linke Seite des Stoffes für die Applikation; lass dir beim Bügeln von einem Erwachsenen helfen. Schneide das Bild, hier ein Schmetterling, aus.

2. Applikation aufbügeln
Lege den Schmetterling bzw. dein Bild auf den kleineren Stoff und positioniere ihn, wo du möchtest. Trenne das Papier ab und klebe das Bild auf. Achtung: Hol dir zum Bügeln Hilfe von einem Erwachsenen.

3. Applikation festnähen
Nähe mit dem Zickzackstich (Stichlänge 0,8 mm, Stichbreite 4 mm) den Schmetterling rundherum fest. Achtung: Wenn du magst, kannst du auch noch Fühler mit der Nähmaschine „aufsticken".

4. Innenteil vorbereiten
Lege das lange Stoffstück quer vor dich und zeichne 4 senkrechte Linien in folgenden Abständen: Fürs Tablet nach 19 cm, nach 38 cm, nach 4 cm, nach 21 cm. Für den E-Reader nach 13 cm, nach 26 cm, nach 3 cm, nach 15 cm. Beginne dabei an der linken Stoffkante.

5. Taschen umbügeln
Falte den Stoff an der ersten Linie (bei 19 bzw. 13 cm) links auf links und bügle ihn mithilfe eines Erwachsenen. Lege den gebügelten Bruch auf die nächste Linie (nach 38 bzw. 26 cm).

6. Taschen nähen
Stecke und nähe die drei äußeren Kanten des Taschenteils füßchenbreit zusammen.

7. Gummibänder vorbereiten
Schlage bei einem Gummiband ein Ende ca. 1,5 cm ein und befestige es mit dem Zickzackstich auf dem Band. Mache das an zwei Gummibändern.

8. Markierungen anzeichnen
Markiere am oberen und unteren Rand die Mitte zwischen der rechten Kante und der ersten Markierungslinie (21 bzw. 15 cm). Markiere im Abstand von 12 cm von oben und unten jeweils einen Punkt an der Markierungslinie und an der äußeren rechten Kante.

9. Gummibänder feststecken
Stecke die Gummibänder jeweils schräg zwischen Mittelmarkierung und einem der markierten Punkte fest wie auf dem Foto. Achtung: Die umgeschlagenen Kanten der zwei Gummibänder liegen auf der Markierungslinie.

10. Gummibänder annähen
Nähe alle Gummibänder auf, und zwar an den äußeren Kanten im füßchenbreiten Abstand zur Kante, an der Markierungslinie direkt auf der Linie.

11. Außen- und Innenteil zusammennähen
Lege die beiden Stoffe rechts auf rechts. Stecke und nähe sie zusammen, lass dabei eine Lücke am unteren Rand von ca. 10 cm. Wende alles auf die rechte Seite.

12. Kanten absteppen
Nähe alles rundherum knappkantig ab (Stichlänge 3,5 mm), auch über die Gummibänder. Zum Schluss stecke und nähe füßchenbreit von oben nach unten neben der Naht, die über die Gummibänder geht.

SHOPPER

♥ MATERIAL

- Bedruckter Baumwollstoff
  70 cm lang und 18 cm breit
- Beschichteter Baumwollstoff mit Punkten
  70 cm lang und 32 cm breit
- Bedruckter Baumwollstoff für die Henkel
  2 Stücke, beide 45 cm lang und 10 cm breit

♥ LOS GEHT'S

1. Ober- und Unterteil zusammennähen
Stecke und nähe die langen Kanten beider Stoffe rechts auf rechts aufeinander. Achte darauf, dass dein Motiv später nicht auf dem Kopf steht: Der beschichtete Stoff ist unten.

2. Kanten versäubern
Versäubere die Kante mit dem Zickzackstich (Stichlänge 3 mm, Stichbreite 5 mm).

3. Nahtzugabe absteppen
Damit du nicht bügeln musst, lege und steppe die Nahtzugabe knapp neben der Naht in Richtung zur unteren Kante.

4. Henkel vorbereiten
Falte und bügle bei den Stoffstreifen für die Henkel beide langen Seiten zur Mitte. Dann falte und bügle den Streifen noch einmal zur Hälfte, sodass die Streifen aus 4 Lagen bestehen. Lass dir dabei von einem Erwachsenen helfen.

5. Henkel nähen
Steppe anschließend die beiden Längskanten der Streifen knappkantig ab (siehe Seite 16).

6. Henkelmarkierungen vorbereiten
Falte die obere Kante der Tasche rechts auf rechts zur Hälfte. Falte den Stoff noch einmal, sodass der mittlere Bruch 1 cm vor der Kante liegt.

7. Henkelmarkierungen anzeichnen
Markiere dir im Abstand von 7 cm von der doppelt gefalteten Kante alle 4 Stofflagen. Achtung: Du kannst auch statt einer Kreidemarkierung einen winzigen Schnitt (Knips) machen, aber nicht zu tief einschneiden.

8. Henkel positionieren
Lege den Taschenbeutel auseinander und platziere an den Markierungen die Henkelstreifen, sodass sie nach unten zeigen. Achtung: Verdrehe die Streifen nicht.

9. Henkel annähen
Stecke und nähe die Streifen an der oberen Kante fest.

10. Obere Kante umbügeln
Bügle die obere Kante 1 cm nach links um, dabei werden die Henkel nach oben geklappt. Bügle die Kante noch einmal 2 cm um. Achtung: Lass dir dabei von einem Erwachsenen helfen.

11. Nähte schließen
Lege die offenen Kanten (Seite und unten) des Beutels rechts auf rechts zusammen. Stecke und nähe die Kanten zusammen. Achtung: Die gebügelte Kante faltest du dabei wieder auf.

12. Kanten versäubern
Versäubere die Nahtzugaben mit dem Zickzackstich.

13. Obere Kante absteppen
Lege die gebügelte obere Kante wieder um. Stecke und nähe sie knappkantig fest.

14. Henkel absteppen
Damit die Henkel oben bleiben, stecke und nähe sie an der oberen Kante noch einmal knappkantig fest, dabei kannst du auch einmal um den ganzen Taschenrand nähen.

TIPP
In die Seitennaht könntest du auch ein Etikett einnähen.

EINHORNKAPUZENSCHAL

♥ MATERIAL

- Sweatstoff in Sand
  85 cm lang und 90 cm breit
- Sweatstoff in Eierschalengelb
  85 cm lang und 90 cm breit
- Sweatstoff in Pink
  20 cm lang und 10 cm breit
- Sweatstoff in Rosa
  14 cm lang und 15 cm breit
- Vlieseline H630
  20 cm lang und 10 cm breit
- Etwas Füllwatte
- Optional: 3-fädiges Stickgarn in Weiß 1 m lang
- Kopiervorlagen „Kapuzenschal", „Horn" und „Ohr"
  von S. 95–96 (den Schal auf 400% vergrößern)

TIPP

Du kannst das Horn auch weglassen und einen flauschigen Stoff wählen, dann bekommt das ganze einen bärigen Look.

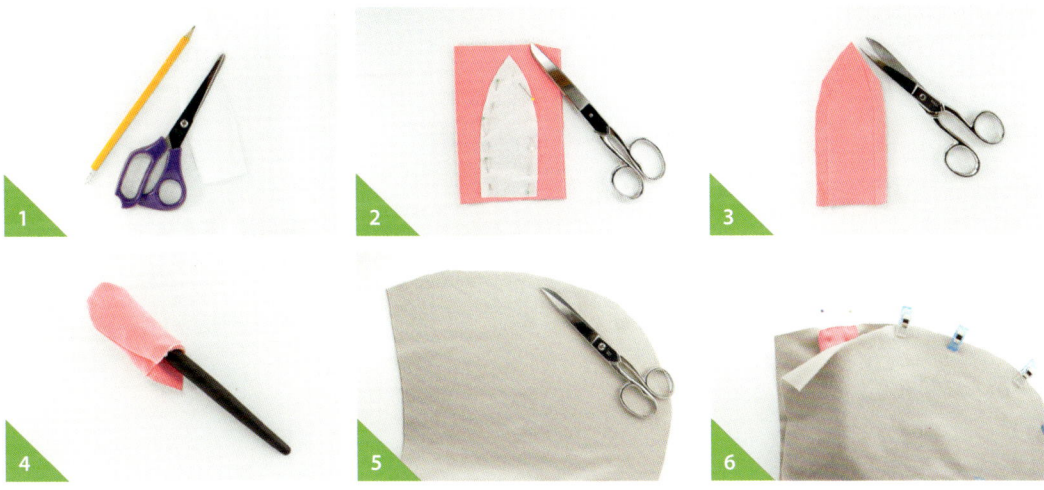

♥ LOS GEHT'S

1. Schnittmuster kopieren
Kopiere alle Schnittmuster auf Papier und schneide sie aus.

2. Horn zuschneiden
Lege den Stoff in Rosa rechts auf rechts, stecke das Schnittmuster „Horn" darauf mit Stecknadeln fest und schneide die Schnittteile aus.

3. Horn nähen
Nähe den äußeren Rand des Horns bis auf eine Wendeöffnung am Hornansatz zusammen. Schneide die Nahtzugabe an der Spitze zurück.

4. Horn wenden und füllen
Wende durch die Öffnung (eine Häkelnadel oder ein Stift mit stumpfer Spitze hilft dir dabei) und fülle das Horn mit Füllwatte. Lege es beiseite.

5. Außenteil zuschneiden
Lege den Stoff in Sand rechts auf rechts (achte auf den Fadenlauf) und stecke das Schnittmuster „Kapuzenschal" darauf fest. Schneide die Schnittteile aus.

6. Horn und Kapuzenrand feststecken
Belasse die Schnittteile rechts auf rechts und lege die offene Schnittkante des Horns gemäß Schnittmuster zwischen die beiden Stofflagen auf den Rand der Kapuze (Horn zeigt dabei nach innen) und stecke den Kapuzenrand gemäß Schnittmuster zusammen.

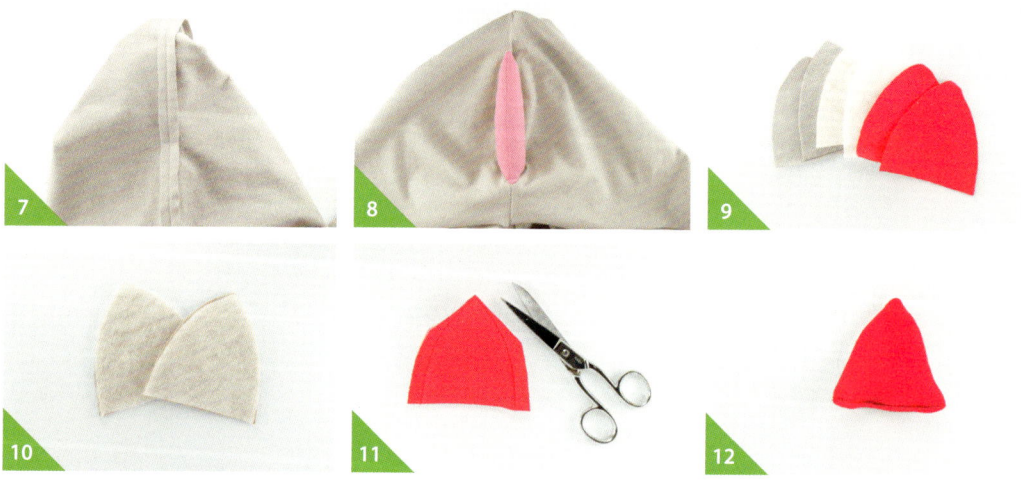

7. Kapuze nähen
Nähe dann den Rand mit einem elastischen Stich zusammen und bügle die Nahtzugaben auseinander.

8. Horn annähen
Wende die Kapuze. Drücke das Horn am Ansatz auf die Kapuze und steppe nun vor und hinter dem Horn eine kleine Quernaht ab, damit das Horn auch senkrecht stehen bleibt.

9. Ohren zuschneiden
Lege den Stoff in Pink rechts auf rechts aufeinander, stecke das Schnittmuster „Ohr" darauf und schneide die Schnittteile aus. Wiederhole diesen Schritt auch für das Vlies und den Stoff in Sand.

10. Vlies aufbügeln
Bügle das Vlies laut Herstellerangaben auf die linke Seite des Ohrs in Sand.

11. Ohr nähen
Lege dann ein Ohr in Sand und ein Ohr in Pink rechts auf rechts. Stecke den Rand zusammen und nähe bis auf die Wendeöffnung am Ohransatz die Teile zusammen. Schneide die Nahtzugabe an der Spitze zurück

12. Ohr absteppen
Wende durch die Wendeöffnung. Stülpe die Nahtzugabe am Ohransatz etwa 1 cm nach innen und steppe das Ohr knappkantig ab. Wiederhole die Schritte 10–12 auch für das zweite Ohr.

13. Ohren annähen
Nähe die Ohren in einem Halbkreis an die gewünschte Stelle auf der Kapuze (am besten setzt du dir die Mütze auf und schaust im Spiegel nach).

14. Innenteil zuschneiden und nähen
Wiederhole Schritt 5 und 7 mit dem Stoff in Eierschale.

15. Außen- und Innenteil zusammenstecken
Lege den Kapuzenschal in Sand passgenau in den Kapuzenschal in Eierschalengelb (rechte Seite auf rechte Seite). Stecke den gesamten Rand zusammen (so dass du immer zwei verschiedenfarbige Stoffe zusammengesteckt hast). Achte darauf, dass die Nähte der Kapuzen genau übereinander liegen.

16. Außen- und Innenteil zusammennähen
Nähe nun den gesamten Rand bis auf ein kurzes Ende des Schals zusammen. Dies wird die Wendeöffnung.

17. Schal wenden
Wende den Schal durch die Wendeöffnung. Arbeite die Nähte nach außen und bügle den Schal. Stülpe die Nahtzugabe der Wendeöffnung etwa 1 cm nach innen und nähe diese knappkantig mit der Nähmaschine ab.

18. Horn verzieren
Wenn du möchtest, kannst du um das Horn spiralförmig das weiße Stickgarn per Hand sticken. Stich dabei nur ganz grob alle paar Zentimeter ein und ziehe am Ende das Garn stramm. So sieht das Horn aus wie eine Spirale. Vernähe das Garn sorgfältig.

HANDY-KOPFHÖRER-HÜLLE

💚 MATERIAL

- Beschichteter Baumwollstoff für die Außenseite
  22 cm lang und 18 cm breit
- Bedruckter Baumwollstoff für das Futter
  44 cm lang und 22 cm breit
- Breites farbiges Gummiband
  2 Stücke, beide 11 cm lang
- Kleine, flache Knöpfe
  2 Stück

💚 LOS GEHT'S

1. Futter vorbereiten
Zeichne auf die linke Seite des bedruckten Stoffs im Abstand von 22 cm zur oberen Kante eine Linie. Falte den Stoff an der Linie um und bügle sie. Lass dir dabei von einem Erwachsenen helfen.

2. Tasche falten
Schlage die Kante zurück und lege sie an der unteren Stoffkante an. Bügle auch hier die gelegte Falte mithilfe eines Erwachsenen.

3. Mitte absteppen
Zeichne eine Markierungslinie mittig über das Faltenteil. Stecke und nähe entlang der Linie.

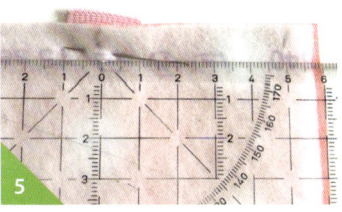

4. Gummibänder vorbereiten

Schlage jeweils ein Ende beider Gummibänder einmal 1 cm und noch einmal 3 cm um. Stecke und nähe es fest. Dann nähe ein Knopfloch laut deiner Nähmaschinenanleitung in das dickere Ende. Schneide das Knopfloch vorsichtig auf. Mache das für beide Gummibänder.

5. Einlage aufbringen und Gummi feststecken

Klebe laut Anleitung des Herstellers die Einlage auf die linke Seite des beschichteten Stoffs. Lege ihn dann so vor dich, dass seine lange Kante zu dir zeigt. Markiere im Abstand von 6 cm zur rechten Seitenkante den Punkt für das obere Gummi und stecke es von rechts auf. Die eingeschlagene Gummibandseite muss obenauf liegen.

6. Gummibänder annähen

Markiere auf der gleichen Seite die Mitte der seitlichen Kante für das andere Gummiband und stecke es auf die rechte Stoffseite. Achtung: Die eingeschlagene Gummibandseite muss obenauf liegen. Stecke und nähe die Gummibänder fest.

7. Außenteil und Futter zusammennähen

Stecke und nähe beide Teile rechts auf rechts aufeinander. Lass dabei an der unteren Kante eine Lücke von ca. 5 cm. Achte darauf, dass deine in Schritt 3 genähte Tasche an der unteren Kante ist.

8. Hülle wenden

Schneide die Ecken schräg ab, ohne die Naht zu verletzen, und wende alles auf die rechte Seite.

9. Kanten absteppen und Knöpfe anbringen

Steppe alles rundherum mit einem Teflonfüßchen knappkantig ab. Markiere die beiden Knopfpositionen innen und außen und nähe die Knöpfe von Hand gut fest (siehe Seite 18).

SITZKISSEN

♥ MATERIAL
- Baumwollstoff für die Vorderseite
  45 cm lang und breit
- Baumwollstoff für die Rückseite
  45 cm lang und breit
- Dickes Quilt-Vlies als Einlage
  2 Stücke, jeweils 40 cm lang und breit

TIPP
Damit du das Kissen unterwegs besser tragen kannst, nähe doch an eine Ecke einfach eine Schlaufe aus einem passenden Band.

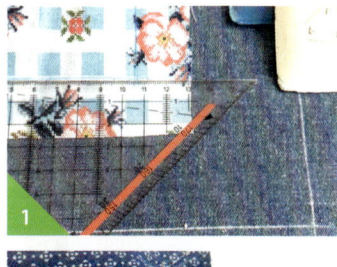

♥ LOS GEHT'S

1. Nahtlinien anzeichnen
Zeichne mit dem Geodreieck und deiner Kreide auf beide Seiten (innen und außen) deiner Stoffe rundherum eine Linie mit 2,5 cm Abstand zum Rand. Mit einem langen Lineal zeichne außerdem jeweils auf die rechte Stoffseite ein Kreuz von Ecke zu Ecke.

2. Quilt-Vlies feststecken
Lege jeweils auf die linke Stoffseite innerhalb der Linien das Quilt-Vlies auf deinen Stoff. Stecke es mit Nadeln fest und drehe alles um, sodass dein Stoff oben liegt.

3. Vlies festnähen
Stecke entlang der Kreuzlinien das Vlies fest und entferne die Hilfsnadeln vom Umdrehen. Nähe entlang der Kreuzlinien den jeweiligen Stoff und das Vlies zusammen.

4. Kissenteile zusammennähen
Stecke und nähe (Stichlänge 3 mm) beide Teile entlang der eingezeichneten Linien rundherum zusammen.

5. Kissen absteppen
Stecke und nähe noch einmal über das mittlere Kreuz in beide Richtungen je ca. 4 cm die Stoffe zusammen.

6. Kissenrand einschneiden
Mit der Schere machst du rundherum im Abstand von ca. 1–1,5 cm kleine Einschnitte. Achte darauf, dass du die Naht nicht verletzt.

7. Kissen waschen
Das Kissen kommt nun direkt in die Wäsche bei ca. 30° Grad und danach in den Trockner. Das macht am besten deine Mama für dich. Zwischen dem Waschen und Trocknen das Kissen einmal zurechtziehen. Fertig.

HAARBÄNDER

♥ MATERIAL

- Gemusterter Baumwollstoff für vorne
  2 Stücke, beide 45 cm lang und 12 cm breit
- Gemusterter Baumwollstoff für hinten
  2 Stücke, beide 30 cm lang und 5 cm breit
- Gummiband
  2,5 cm breit, ca. 15 cm bis 20 cm lang
- Kopiervorlage „Haarband"
  von S. 93

♥ LOS GEHT'S

1. Stoff doppelt legen
Falte die beiden langen Stoffstücke jeweils rechts auf rechts, sodass die lange Seite halbiert wird, und lege sie dann aufeinander.

2. Schnittmuster kopieren und übertragen
Kopiere dir das Schnittteil auf Papier und lege es auf die gefalteten Stoffe, Bruch auf Bruch.

Übertrage das Schnittteil mit einem Bleistift auf die linke Seite deines Stoffs und nimm das Schnittteil wieder ab.

3. Schnittteile zusammennähen
Klappe beide Teile auf und lege sie rechts auf rechts aufeinander. Stecke und nähe füßchenbreit entlang der langen Kanten. Dies machst du auch mit den beiden kürzeren geraden Stoffstreifen. Achtung: Die kurzen Enden bleiben überall offen.

4. Teile wenden und bügeln
Wende beide Teile auf die rechte Seite. Bügle die Kanten etwas flach. Bei dem breiteren Teil legst du die offenen Kanten ca. 1 cm nach innen und bügelst diese auch. Lass dir dabei von einem Erwachsenen helfen.

5. Gummiband einziehen
Miss das Gummiband so ab, dass es zusammen mit dem langen Stoffschlauch so lang ist wie dein Kopfumfang. Ziehe mithilfe einer Sicherheitsnadel das Gummiband durch den schmaleren Schlauch.

6. Gummiband annähen
Stecke und nähe beide Gummibandkanten mit den Stoffkanten zusammen.

7. Vorder- und Rückteil zusammennähen
Schiebe die Enden mit dem Gummiband ca. 1 cm in die Öffnungen des zweiten Schlauches. Stecke und nähe alle Teile knappkantig zusammen. Achte darauf, dass die Bänder nicht verdreht sind.

MESSENGER BAG

♥ MATERIAL

- Gewaschener Leinenstoff für die Außenseite
  100 cm lang und 40 cm breit
- Gemusterter Baumwollstoff für das Futter
  100 cm lang und 40 cm breit
- Gemusterter Baumwollstoff für die Innentasche
  40 cm lang und breit
- Gemusterter Baumwollstoff für den Stern
  22 cm lang und breit
- Klebe-Vlies
  22 cm lang und breit
- Baumwollband für außen
  100 cm lang
- Baumwollband für den Schlüsselanhänger
  80 cm lang
- Kleiner Karabinerhaken
  1 Stück
- Dicke Kordel
  240 cm lang
- Kopiervorlage „Messenger Bag"
  von S. 94

 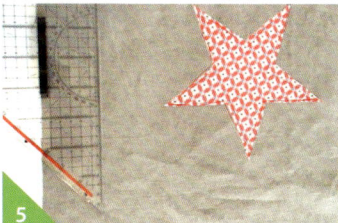 

♥ LOS GEHT'S

1. Schnittmuster kopieren
Das Schnittmuster für den Stern kopieren und ausschneiden.

2. Stern vorbereiten und ausschneiden
Klebe laut Anleitung des Herstellers das Klebe-Vlies auf die linke Seite des kleinsten Stoffstücks. Achtung: Lass dir beim Bügeln von einem Erwachsenen helfen. Übertrage das Schnittmuster darauf und schneide den Stern aus.

3. Stern aufbringen
Lege den Leinenstoff links auf links zusammen, sodass die kurzen Seiten aufeinander liegen, und positioniere den Stern, wo du möchtest. Trenne das Papier ab und klebe den Stern auf. Achtung, hol dir zum Bügeln Hilfe von einem Erwachsenen.

4. Stern festnähen
Klappe den Leinenstoff wieder auf. Nähe den Stern fest, dabei kannst du ruhig über die Kanten hinaus nähen. Das ist einfacher und sieht auch noch toll aus.

5. Markierung für das Band anzeichnen
Zeichne an der gegenüberliegenden langen Kante parallel zur Kante im Abstand von 6 cm eine Linie ein.

6. Baumwollband aufnähen
Stecke und nähe mit dem Zickzackstich (Stichlänge 3,5 mm, Stichbreite 3,5 mm) entlang der Linie das 100 cm lange Baumwollband auf.

7. Innentasche vorbereiten
Falte das mittelgroße Stoffstück rechts auf rechts zur Hälfte. Stecke und nähe die langen Kanten zusammen. Wende das Stück auf rechts und bügle es flach (mithilfe eines Erwachsenen).

8. Innentasche annähen
Stecke und nähe sie im Abstand von 22 cm zu einer der schmalen Seiten auf das große Stoffstück, aber nur die beiden Seiten und die untere Kante.

9. Innentasche abteilen
Stecke und nähe in der gewünschten Aufteilung senkrecht über die Innentasche. Achtung: Wenn eine der Taschen für dein Handy sein soll, lege es im Abstand von 3 cm zur Seitennaht auf, zeichne an seinem Rand entlang eine Linie und nähe diese ab.

10. Außenteil und Futter aufeinanderlegen
Lege den Baumwoll- und den Leinenstoff genau rechts auf rechts aufeinander.

11. Aussparung anzeichnen
Klappe die Stoffe noch einmal zusammen, sodass der Futterstoff (also der Baumwollstoff) innen liegt. Nimm einen kleinen Teller und zeichne die Kanten rund ab.

12. Außenteil und Futter zusammennähen
Stecke und nähe die Rundungen und die oberen Kanten aufeinander. Lass dabei an einer der oberen Kanten eine ca. 10 cm große Lücke in der Mitte der Kante.

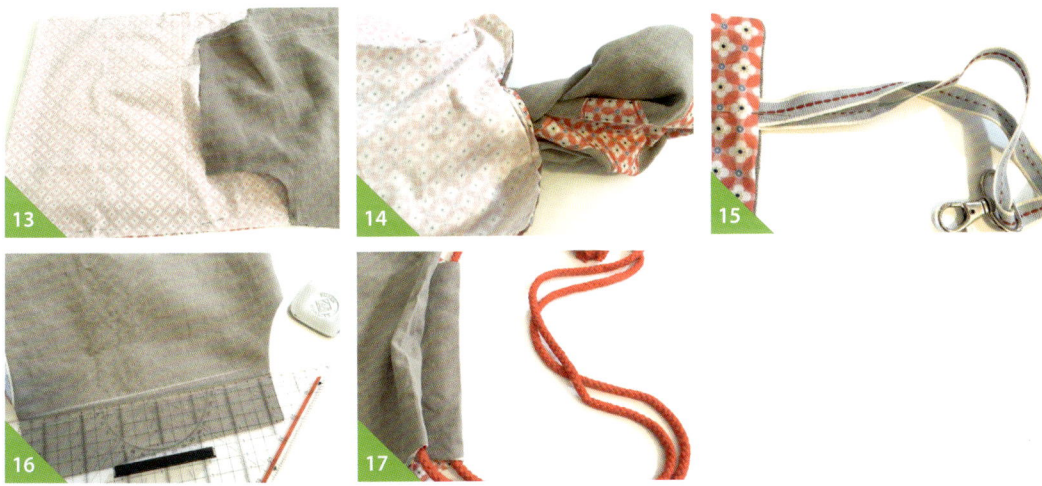

13. Seitennähte schließen
Ziehe die Stoffbeutel auseinander und lege jedes Beutelteil für sich rechts auf rechts aufeinander. Stecke und nähe beide langen Kanten zu, dabei nähst du auch über die Nahtzugabe der jeweiligen Rundungen.

14. Messenger Bag wenden und bügeln
Ziehe vorsichtig alles durch die Öffnung auf die rechte Seite und bügle alles flach. Achtung: Lass dir von einem Erwachsenen helfen.

15. Karabiner befestigen
Stecke in die Öffnung den Karabiner mit dem noch übrigen Baumwollband. Nähe die Öffnung von Hand mit dem Matratzenstich zu (siehe Seite 19); über dem Band nähst du dabei doppelt.

16. Tunnel nähen
Zeichne parallel zu den oberen Kanten im Abstand von 5 cm je eine Linie ein. Lege den Stoff an der Linie nach innen um. Stecke und nähe ihn knappkantig fest.

17. Kordel einziehen
Ziehe die dicke Kordel durch beide Tunnel und verknote die Enden miteinander.

HUNDEKNOCHEN

♥ MATERIAL
- Bedruckter fester Baumwollstoff
  30 cm lang und breit
- Bügelvlies H200 als Einlage
  30 cm lang und breit
- Füllwatte
  etwa 2 Liter
- Kopiervorlage „Hundeknochen"
  von S. 95 (auf 200% vergrößern)

 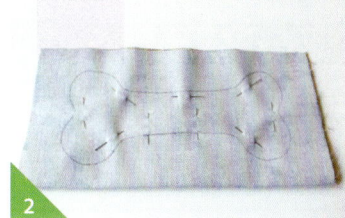 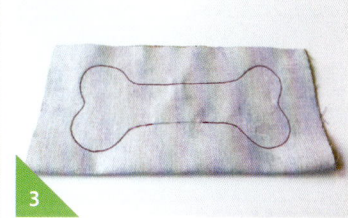
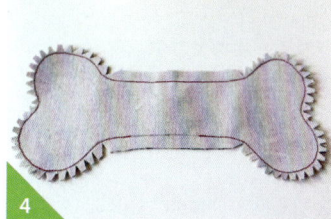  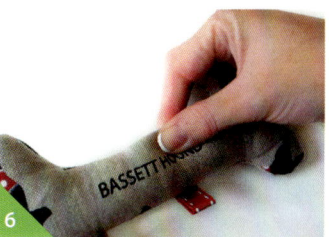

♥ LOS GEHT'S

1. Schnittteile vorbereiten
Klebe die Bügeleinlage auf die linke Stoffseite. Kopiere den Knochen auf Papier. Falte den Stoff auf 15 x 30 cm, sodass die rechte Seite innen liegt. Stecke den Papierschnitt darauf und übertrage die Umrisse auf den Stoff.

2. Stofflagen zusammenstecken
Nimm den Papierschnitt vom Stoff und stecke die beiden Teile mit 1 cm Abstand zur Linie entlang der Kante zusammen. Markiere eine etwa 5 cm breite Wendeöffnung in der Mitte des Knochens.

3. Teile zusammennähen
Nähe die Stoffteile entlang deiner Markierung zusammen. Denk daran, die Wendeöffnung frei zu lassen!

4. Knochen ausschneiden und wenden
Schneide den Knochen aus. Schneide die Nahtzugaben an den Rundungen etwas kürzer oder zur Naht hin ein (geht prima mit der Zackenschere). Wende den Knochen durch die Öffnung auf die rechte Seite.

5. Knochen ausformen
Mit einem Essstäbchen aus der Küche oder einer dicken Stricknadel kannst du die Ränder gut ausformen.

6. Knochen füllen und Öffnung schließen
Fülle den Knochen ordentlich mit Füllwatte, bis du die Öffnung mit Daumen und Zeigefinger bequem zuhalten kannst. Nähe die Öffnung knappkantig zu.

TIPP
Für noch mehr Spaß kannst du vor dem Zunähen ein Glöckchen in den Knochen stecken.

SCHLAFMASKE

♥ MATERIAL

- Wollfilz in verschiedenen Farben, DIN A4
- Bedruckter Baumwollstoff
  12 cm lang und 25 cm breit
- Wollfilz in verschiedenen Farben
  Reste
- Klebevlies H200 als Einlage
  12 cm lang und 25 cm breit
- Schmuck-Gummiband in verschiedenen Farben
  etwa 35 cm
- Textilkleber
- Getrockneter Lavendel
  etwa 3 – 4 Esslöffel
- Kopiervorlagen „Schlafmaske" und „Wimpern"
  von S. 95 (auf 200% vergrößern)

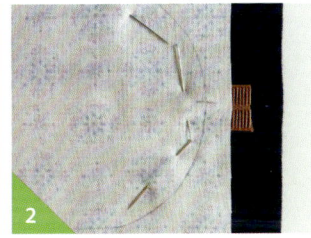
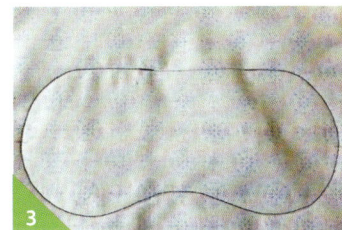

♥ LOS GEHT'S

---

1. **Schnittteile vorbereiten**
Klebe die Einlage auf die linke Stoffseite. Kopiere die Schlafmaske auf Papier und übertrage die Umrisse mit einem Bleistift auf die linke Stoffseite. Achte auf die Markierungen links und rechts.

2. **Stofflagen zusammenstecken**
Wiederhole dasselbe mit dem Filz und lege Stoff- und Filzteil aufeinander. Platziere die Enden des Gummibands an den seitlichen Markierungen zwischen Stoff und Filz.

3. **Teile zusammennähen**
Markiere dir am oberen Rand der Maske eine Wendeöffnung von etwa 5 cm. Nähe bis auf die Öffnung entlang der Linie alles zusammen. Schneide die Maske aus und die Nahtzugaben an den Rundungen etwas mit der Schere ein.

4. **Schlafmaske wenden, füllen und absteppen**
Wende die Schlafmaske durch die Öffnung auf die rechte Seite und fülle sie durch die Öffnung mit dem getrockneten Lavendel. Nähe die Maske rundherum knappkantig zu.

5. **Details aufbringen**
Schneide aus den Filzresten nach der Schnittvorlage Wimpern aus. Für den Schnabel der Eule schneidest du einfach ein kleines Dreieck. Klebe die Teile mit einem Textilkleber auf die Maske.

TIPP
Den Lavendelduft kannst du wieder auffrischen, indem du die Maske ab und zu ein wenig knetest.

KOPIERVORLAGEN

♥ EICHHÖRNCHEN-
NADELKISSEN S. 22

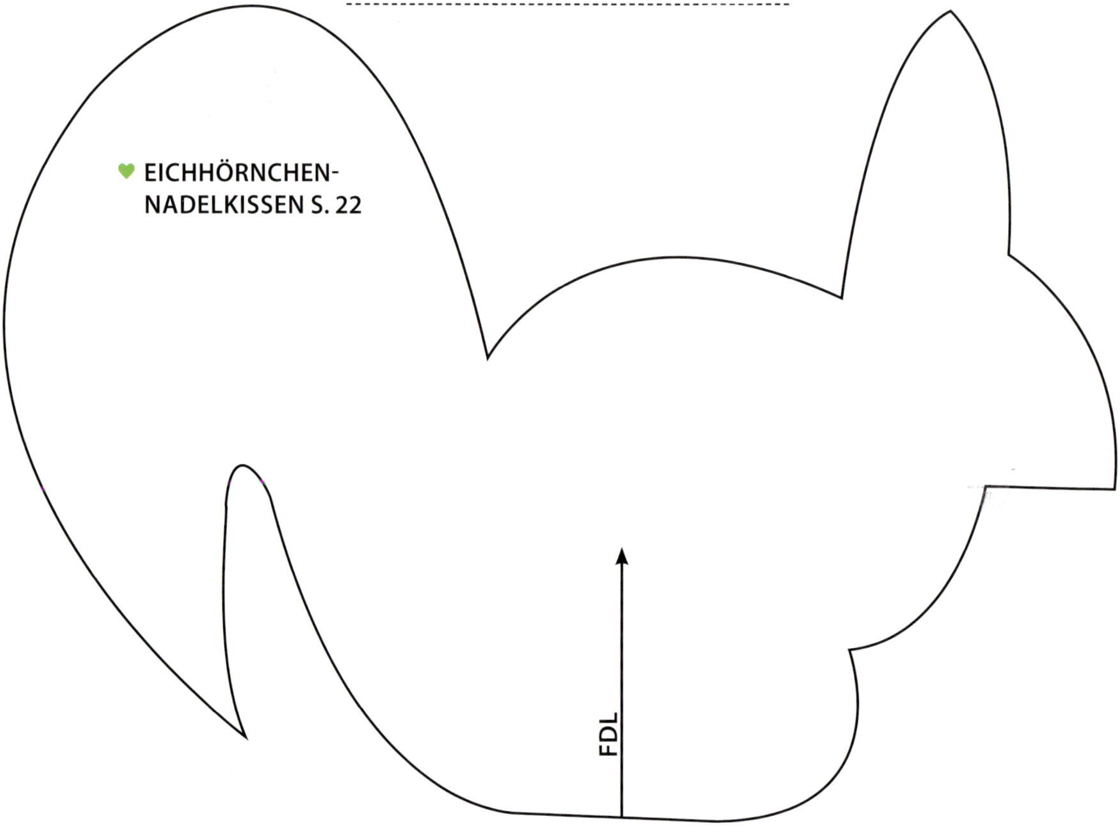

FDL

♥ KOFFERANHÄNGER
S. 64

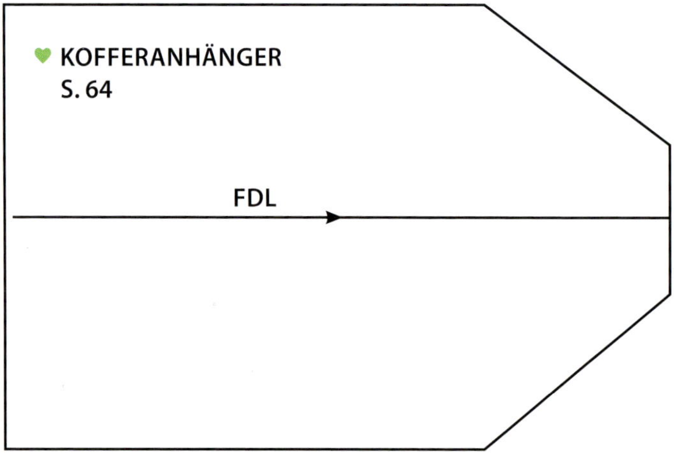

FDL

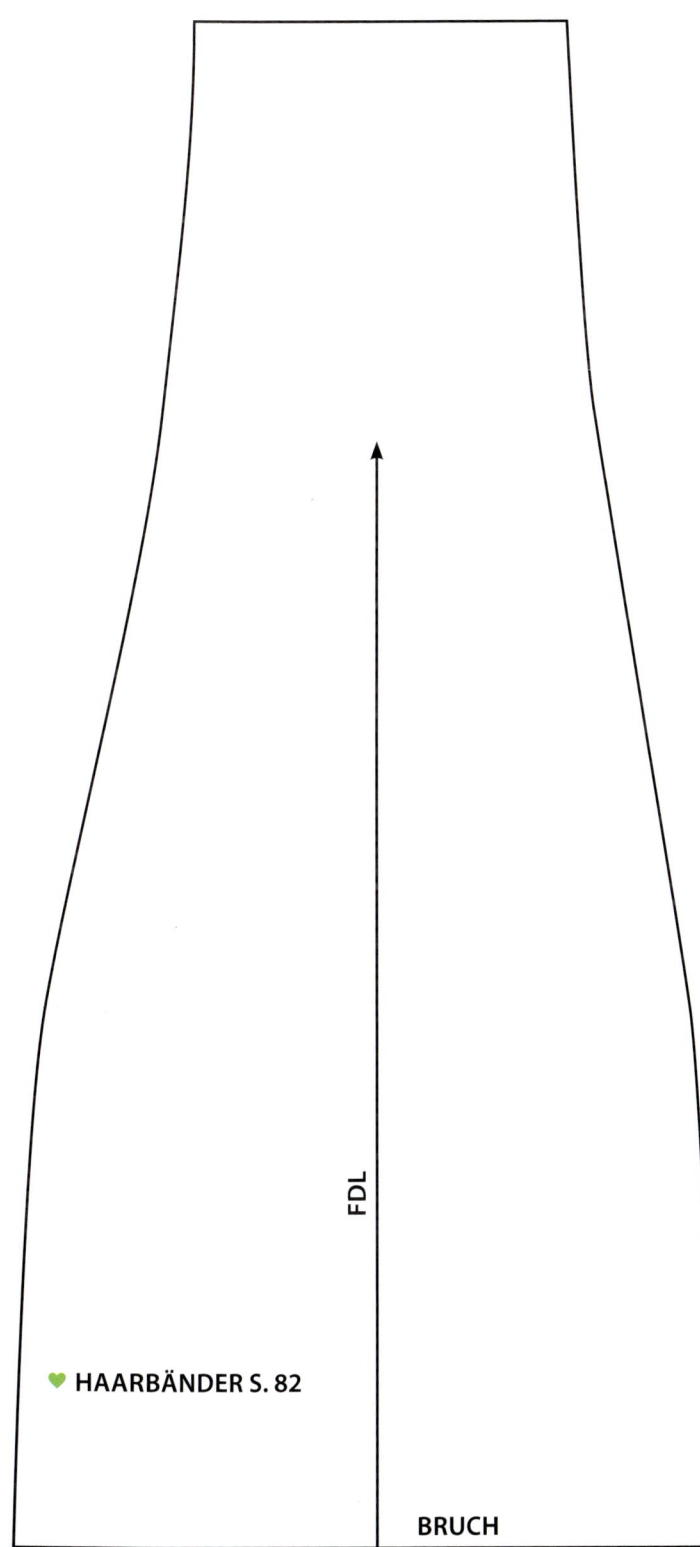

♥ **MESSENGER BAG**
S. 84

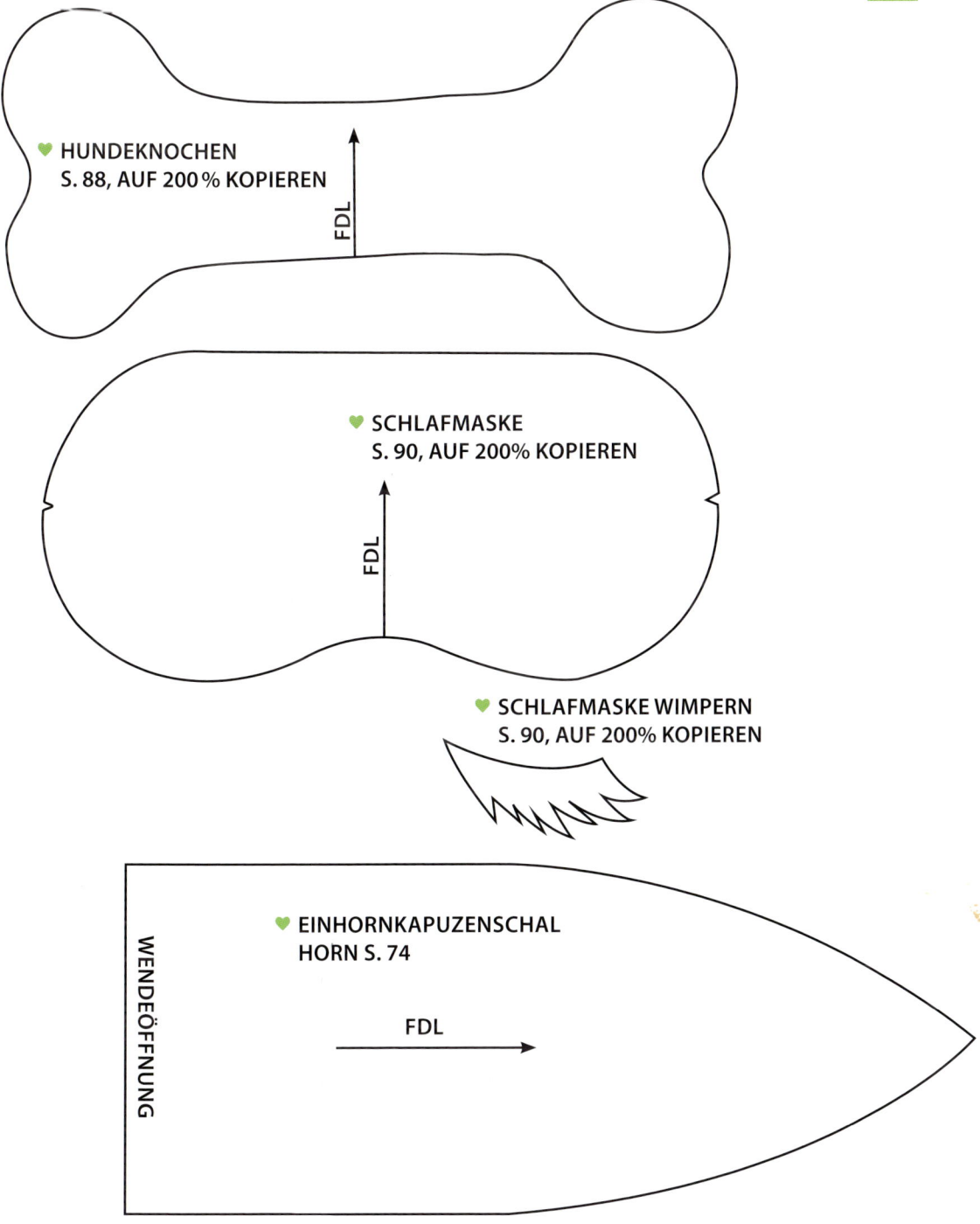

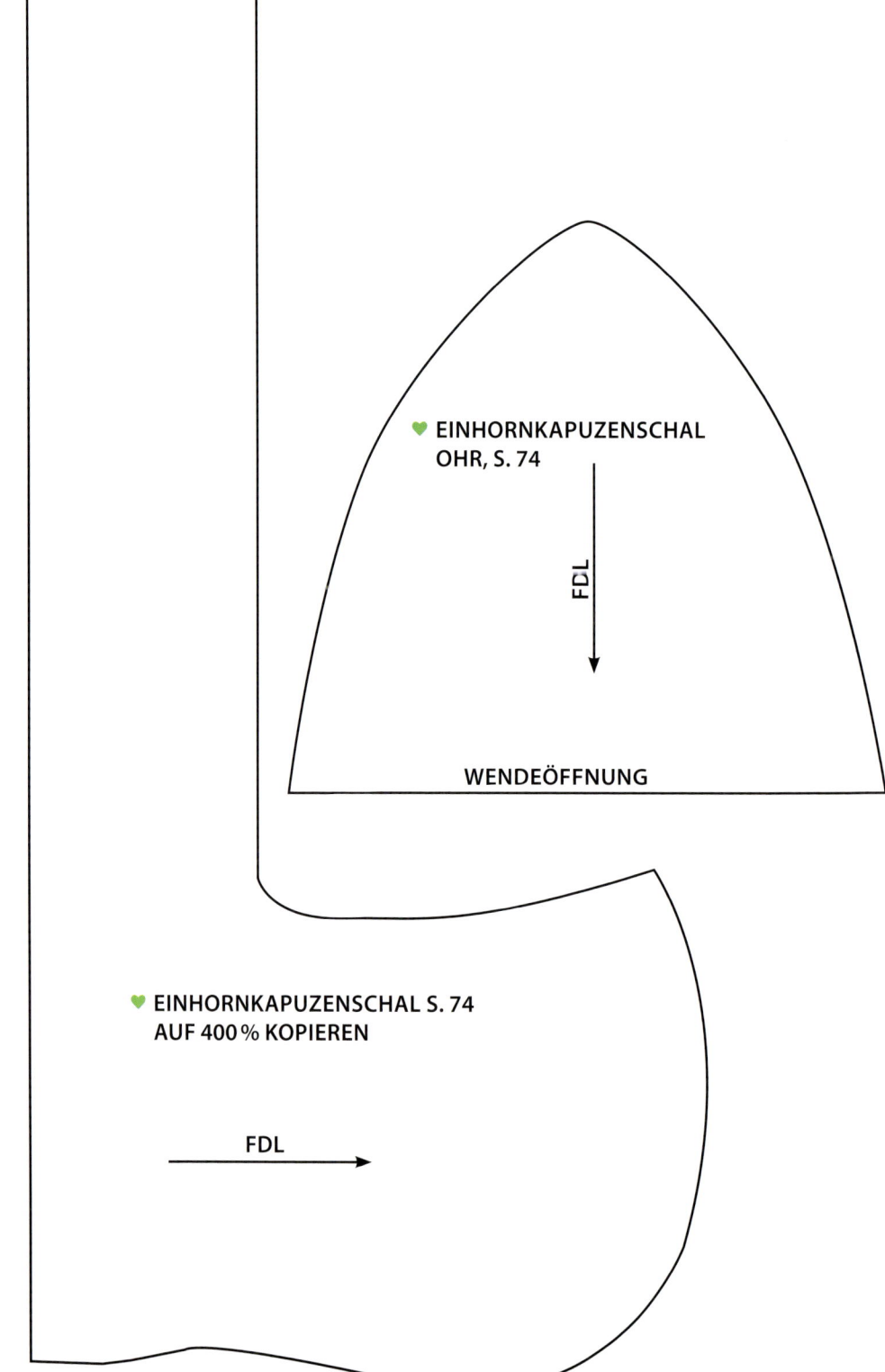

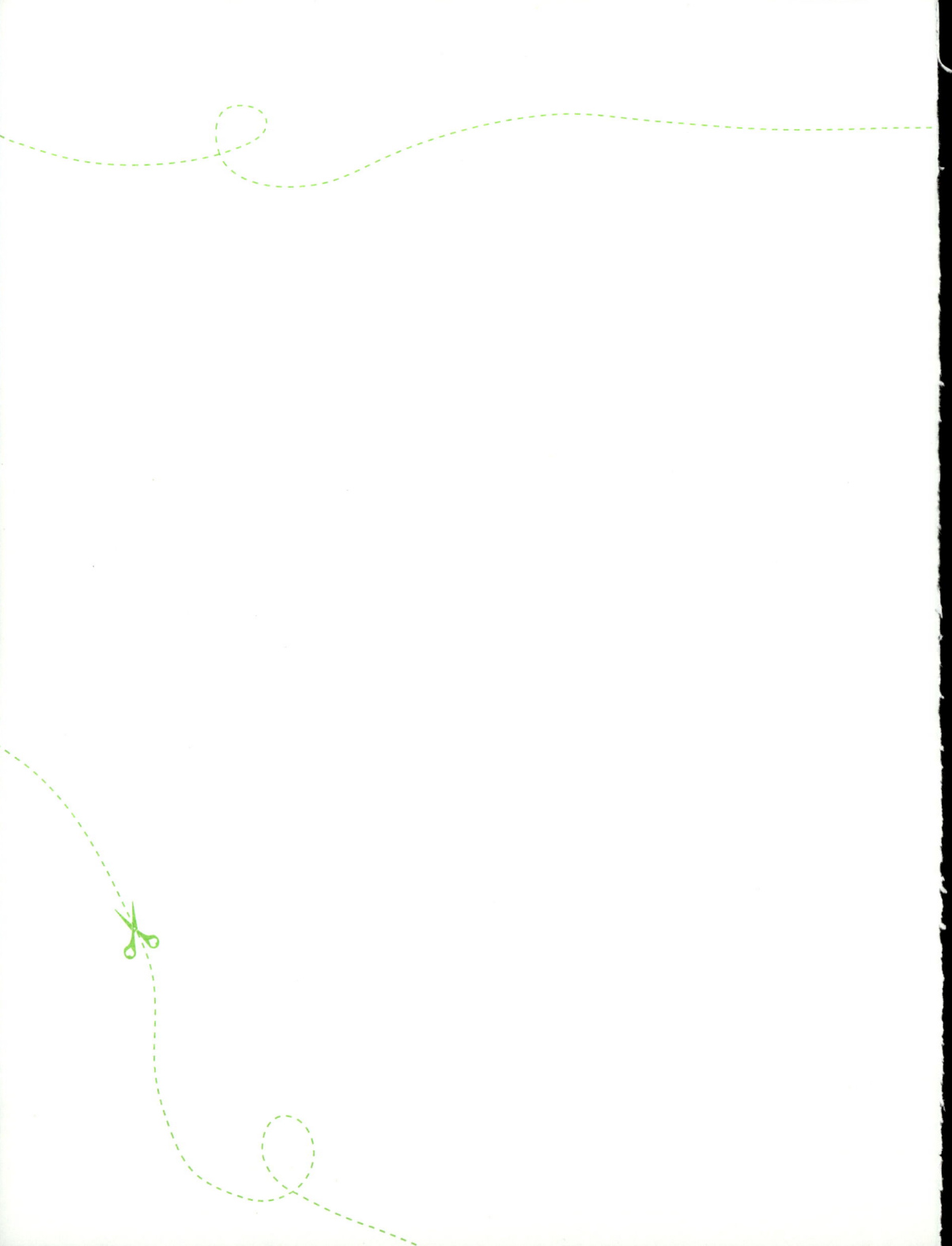

Stefanie Hellmann

**Formulierungshilfen
für die Pflegeplanung nach den AEDL's**